Michael Möhring

Karl-Marx-Stadt

nach einer wahren Begebenheit

W0241290

Michael Möhring Verlag

© 2017 Michael Möhring Verlag

Coverbild: © pureshot - Fotolia.com

ISBN-13: 978-1973929741

ISBN-10: 1973929740

Gewidmet

Jutta Erbstösser,

einer Jurastudentin aus Leipzig, die am 24. Januar 1948 vom russischen NKWD verhaftet und wegen angebliches

»Sammeln und Weitergabe von Spionagenachrichten an einen ausländischen Nachrichtendienst«

zu 25 Jahren Strafarbeitslager verurteilt wurde. Nach langer Dunkel- und Einzelhaft nahm sie sich am 11. Februar 1952, im Alter von nur 24 Jahren, im DDR-Frauenzuchthaus Hoheneck das Leben.

Sie sah keine Zukunft mehr für sich.

Quelle: Ehrenbuch der Universität Leipzig

Einleitung

Dieses Buch schließt an den zweiten Teil an. Es kann aber auch ohne die Kenntnis des ersten und zweiten Teiles gelesen werden, da es inhaltlich ein abgeschlossenes Buch ist.

Falls Sie die ersten beiden Teile lesen möchten, Autor und Titel sind:

Michael Möhring
Naumburg: nach einer wahren Begebenheit

Michael Möhring
Torgau: nach wahren Begebenheiten

und sind bei Amazon zu finden.

Wie 1987 alles wieder anfing

Mit den Jahren hatte ich mich daran gewöhnt, in der DDR[1] zu leben. Zwar war der Wunsch, nach Westdeutschland auszuwandern, noch immer vorhanden, aber ich hatte mich damit abgefunden, in der DDR bleiben zu müssen.

Das änderte sich jedoch schlagartig mit der großen Ausreisewelle 1984.

Als ich im Fernsehen die vielen Menschen sah, die in die Bundesrepublik Deutschland übersiedeln durften, kam in mir alles wieder hoch, was ich all die Jahre unterdrückt hatte.

Zum ersten Mal bereute ich, meinen 1980 zum zweiten Mal gestellten Antrag auf Übersiedlung zurückgezogen zu haben. Ich sah Leute in die BRD ausreisen, die, wenn überhaupt, weit weniger durchgemacht hatten als ich. Viele stellten einen Antrag auf Ausreise und duften kurze Zeit später die DDR verlassen. Gründe waren dafür oft nicht ersichtlich. Oft hieß es jedoch, diese Menschen hätten Besitztümer wie beispielsweise Häuser, die nach der Übersiedlung in Eigentum des Staates übergingen. Persönlich kannte ich jedoch keinen solchen Fall.

Auf der einen Seite gönnte ich diesen Leuten ihre Übersiedlung in den Westen, auf der anderen Seite war ich wütend auf mich selbst, weil ich 1980 viel zu früh das Handtuch geworfen hatte und jetzt zusehen mußte, wie andere ausreisen durften.

Immer wieder sprach ich mit meiner Frau über meine Gedanken, doch ich stieß auf taube Ohren. Sie wollte nichts über ein Leben in Westdeutschland wissen. Ich konnte ihr das noch nicht einmal verübeln, denn alle ihre Verwandten und Bekannten lebten in der DDR. Auch hatte sie einen sicheren Arbeitsplatz und in Westdeutschland wäre die Zukunft ungewiß gewesen.

Derweil hielt die Ausreisewelle an.

---

1 Deutsche Demokratische Republik

Jeder in der DDR kannte in seinem Bekannten- oder Freundeskreis wohl zumindest einen, der das Land verlassen wollte oder in letzter Zeit übergesiedelt ist.

Mir tat es unsagbar weh, jeden Tag im Fernsehen DDR-Bürger zu sehen, die in die westliche Welt übersiedelten. Später wurde von offizieller Seite immer häufiger davon gesprochen, daß ein Großteil derjenigen, die während der Ausreisewelle auswandern durften, mittlerweile wieder zurück in die DDR wollte.

Egal wie mein Leben in Westdeutschland verlaufen wäre, ein Zurück hätte es für mich nicht gegeben.

Ein neuer Ausreiseantrag

Einige Jahre später, am 12. Februar 1987, kam es zur Scheidung, was allerdings nichts mit meinem Übersiedlungswunsch zu tun hatte. Das Sorgerecht für unseren Sohn Sebastian wurde meiner Frau Martina zugesprochen, womit ich einverstanden war. Wir gingen nicht im Zorn auseinander und ich hätte jederzeit unseren Sohn besuchen können. Heute, 30 Jahre später, stehen wir noch immer in Kontakt.

Meine Bewährungszeit war seit einigen Jahren vorüber, und so stellte ich am 1. März 1987 einen erneuten Antrag auf Übersiedlung nach Westdeutschland.

Diesmal mit der festen Absicht, bis zum Erfolg durchzuhalten, komme, was da wolle.

Nun machte ich keinen Hehl mehr daraus und sprach mit jedem, den ich kannte, über diesen Antrag, allerdings immer darauf bedacht, mit meinen Worten nicht in Schwierigkeiten zu geraten.

Nachdem ich den Übersiedlungsantrag mit der Post an die Abteilung Innere Angelegenheiten in Wittenberg geschickt hatte, passierte die ersten Wochen danach nichts. Wieder sah es so aus, als würde die Behörde meinen Antrag ignorieren.

Die Hufeland-Klinik

Zur damaligen Zeit arbeitete ich schon einige Jahre in einer Klinik als Pfleger. Die Hufeland-Klinik war eine kleine Villa in der Stadtmitte von Wittenberg, deren Besitzer nach dem Krieg von der SED[2] enteignet wurde. Das Haus ging in Staatseigentum über und wurde später in eine Klinik für chronisch kranke Menschen umgebaut.

Die Arbeit machte mir Spaß und ich zog anfangs in Betracht, eine Ausbildung zum Krankenpfleger zu absolvieren. Allerdings war dazu der Abschluß der 10. Klasse nötig, den ich nun vollständig nachholen müßte.

Allein das Fach Literatur nachzuholen, reichte nun nicht mehr aus. Dazu lag das Ende der Schulzeit angeblich zu lange zurück, was ich allerdings für ein künstliches Problem hielt. Wohl kaum einer würde nach Jahren seine Prüfung, egal, um welches Fach es sich handelt, aus dem Stand heraus noch einmal bestehen. Warum sollte ich Fächer, die ich bereits erfolgreich abgeschlossen hatte, noch einmal wiederholen? Was hat Literatur mit Biologie zu tun, oder mit Physik, Chemie?

Mit dem Ausreiseantrag im März 1987 ließ ich dieses Vorhaben jedoch fallen.

Auf der Arbeitsstelle wurde mein Antrag auf Übersiedlung mit Zurückhaltung aufgenommen. Obwohl gegen Ende der 1980er Jahre weit offener mit dem Thema Übersiedlung umgegangen wurde, sprach mich kaum eine der Kolleginnen daraufhin an. Kam das Gespräch doch einmal darauf,

---

[2] Sozialistische Einheitspartei Deutschlands

dann geschah das nur, wenn ich mit einer Kollegin allein war. Immer mehr kam mir der Verdacht, mein Antrag würde von den Kollegen deshalb ignoriert werden, weil eine diesbezügliche Weisung vorlag.

Diese Annahme bestätigte sich später bei der Akteneinsicht und wird dem Leser aus den Protokollen ersichtlich.

Unmittelbar nach Antragstellung begannen erneut die staatlichen Kontrollen gegen mich. Umgehend wurde meine Arbeitsstelle informiert und eine Beurteilung meiner Arbeitsleistung angefordert.

Davon bekam ich zunächst nichts mit.

05.03.1987

Rat des Kreises Wittenberg
Abt. Gesundheitswesen
Hufeland-Klinik

Beurteilung

Kollege Michael M ö h r i n g, geb. 08.12.1958, wohnhaft Wittenberg, Dr.-Richard-Sorge-Str. 32, arbeitet seit dem 20.02.1985 als pflegerische Hilfskraft in der Hufeland-Klinik Wittenberg.

Er zeigte kontinuierlich gute Leistungen und ist auch bis jetzt ständig bestrebt gewesen, seine Grundkenntnisse in der Krankenpflege zu vervollständigen. Seine Arbeitsweise ist zuverlässig und umsichtig. Er kann für viele pflegerische Tätigkeiten selbständig eingesetzt werden. Im Umgang mit Patienten beobachteten wir ein gutes Einfühlungsvermögen.

Kollege Möhring war immer gleichbleibend höflich und freundlich. Besonders hervorheben müssen wir seine ständige Einsatzbereitschaft bei kurzfristigen Vertretungen einzelner Kolleginnen.

In das Schwesternkollektiv war er integriert. Er wurde anerkannt, und wir hatten bisher auch den Eindruck, daß er sich wohl fühlte, weil er für seine privaten Probleme auch Verständnis fand.

Kollege Möhring ist Mitglied des FDGB[3] und DRK[4].

(Unterschrift)
A. Ullrich
FÄ[5] Innere Medizin

Austritt aus dem FDGB

Am 30. März 1987 schrieb ich der BGL[6]-Vorsitzenden, Frau Haberland, ich werde mit Wirkung zum 1. April 1987 aus dem FDGB austreten. Die offizielle Reaktion war Unverständnis, und einen Tag später kam es zur obligatorischen Aussprache zwischen Frau Haberland und mir.

Es ging um die Rücknahme dieses Austritts.

[3] Freier Deutscher Gewerkschaftsbund

[4] Deutsches Rotes Kreuz

[5] Fachärztin

[6] Betriebsgewerkschaftsleitung des FDGB

46 Wittenberg Lutherstadt, den 01.04.1987
Puschkinstraße 7 – Telefon 21 17

Rat des Kreises Wittenberg
Abt. Gesundheits- und Sozialwesen
Hufeland-Klinik

Aktenvermerk

Betrifft: Austritt des Kollegen Michael Möhring aus dem FDGB

Am 01.04. fand eine Aussprache zwischen dem Kollegen Möhring und der BGL-Vorsitzenden Haberland statt.

Kollegen Möhring wurde angeraten, sich den Austritt aus dem FDGB nochmals in Ruhe zu überlegen, da er sonst alle Ansprüche, die aus der Mitgliedschaft im FDGB resultieren, verliert.

Kollege Möhring war zwar einsichtig, aber er hätte sich alles genau überlegt und ist nicht bereit, den Austritt zurückzunehmen.

Eine Woche später sprach ich mit Frau Haberland noch einmal unter vier Augen. Es zeigte sich, daß sie meinem Ausreiseantrag überhaupt nicht ablehnend gegenüberstand. Sie sagte, ich würde in Westdeutschland sicher Arbeit finden und gab mir Beispiele, wie und wo ich mich bewerben könnte. Sie machte sich um meine Zukunft überhaupt keine Sorgen und ihre Worte gaben mir Mut.

Wenn Sie jünger gewesen wäre, meinte sie, hätte sie diesen Schritt vielleicht auch getan. Sie kannte einige Leute, so ihre Aussage, die in die Bundesrepublik gegangen sind und dort erfolgreich ein neues Leben begonnen hatten. Das würde mir sicher auch gelingen.

Oberarzt Geinitz, ein Mann im Rentenalter, der täglich für ein paar Stunden in der Klinik arbeitete, sah die Sache anders. Zwar sprach er nie mit mir über meinen Ausreisewunsch, mir kam jedoch zu Ohren, er hätte Befürchtungen, ich könnte in der Bundesrepublik untergehen.

Bespitzelung durch die Hufeland-Klinik

Obwohl sich die Kollegen in der Klinik mir gegenüber so verhielten, als sei nichts geschehen, passierte hinter meinem Rücken doch sehr viel. So wurde mir ein »Betreuer« gestellt, ohne daß ich davon wußte oder jemals etwas davon erfuhr.

Sieht man sich die Punkte der nachfolgenden »Betreuungskonzeption« an, kann man davon ausgehen, daß es sich um ein vorgefertigtes Blatt mit Fragen des Ministeriums für Staatssicherheit handelte, die die Hufeland-Klinik beantworten mußte.

Betreuungskonzeption für den ÜE[7] Michael Möhring[8]

Personalien des Antragstellers

Möhring, Michael, pflegerische Hilfskraft Hufeland-Klinik, geb. 08.12.1958, wohnhaft Wittenberg, Dr. R.-Sorge-Str. 32

Personalien des Betreuers

Möbius, Beate geb. 22.11.1957, stellv. Stationsschwester Kemberg, Wittenberger Straße 9

Personalien des Ehepartners

entfällt, da seit 12.02.1987 geschieden

---

[7] Übersiedlungsersuchenden

[8] In diesem Bericht stimmen einige Daten nicht. Da sie jedoch nicht von Bedeutung sind, wurden sie so belassen.

Kinder

Möhring, Sebastian, geb. 18.02.1982
(lebt bei der geschiedenen Ehefrau)[9]

Verwandte in der DDR

Vater: Barth, Eberhard, Klötze, Waldstraße 12, geb. 15.03.1937
Mutter: Barth, Ingeburg, Klötze, Waldstraße 12, geb. 30.11.1938
Schwester: Barth, Silke, Klötze, Waldstraße 12, geb. 18.07.1968

Weiterhin hat Herr Möhring in Wittenberg, H.-Duncker-Straße, eine Großmutter (Schmidt), bei der er lange Zeit gewesen ist. Es ist nicht bekannt, ob der Großvater noch lebt. Dieser war hier Lehrer und hatte es verstanden, auf seine Besonderheiten einzuwirken. Herr Möhring erwähnt aber nur seine Großmutter, an der er sehr hängt. Mit seinen Eltern hat er Kontakt, durfte sie aber nicht besuchen, solange er nicht im Besitz eines Personalausweises war. In diesem Jahr hat er ihn erst wieder ausgehändigt bekommen.

Verwandte im NSW/Berlin-West

nicht bekannt

Einschätzung der gesellschaftlichen Haltung

Er verhält sich indifferent und inaktiv. Wenn er zu bestimmten Problemen gefragt wurde, hat er bisher eine normale, logisch aufgebaute Haltung gezeigt. Aber im Moment besteht die Gefahr, daß er »überdreht«. Vom Grunde her zeigt er jedoch keine negative Einstellung. Mit Wirkung vom 01.04.1987 ist er »aus persönlichen Gründen« aus dem FDGB ausgetreten. In der daraufhin mit ihm am 01.04.1987 geführten Aussprache wurde ihm durch Kollegin Haberland angeraten, diesen Antrag nochmals zu überdenken. Er war zwar einsichtig, aber meinte, er hätte sich alles genau überlegt und ist nicht bereit, den Austritt zurückzunehmen. Nun gehört er

[9] In meinem zweiten Buch »Torgau: nach wahren Begebenheiten« ging ich darauf ein, daß wegen des akuten Wohnungsmangels in der DDR geschiedene Ehepaare noch über Jahre hinweg zusammenleben mußten. Meist wohnte der geschiedene Ehemann im Kinderzimmer.

nur noch dem DRK an. An kollektiven Veranstaltungen nimmt er teil und verhält sich unauffällig.

Arbeitsmäßige Haltung

Kollege Möhring ist im Kollektiv anerkannt und wirkt durch seine freundliche, ruhige und meist ausgeglichene Art fördernd auf das Betriebsklima. Auf Grund seiner guten fachlichen Arbeit (im 3-Schicht-System als Hilfspfleger) wäre eine Ausbildung zum Krankenpfleger in Erwägung gezogen worden. Kollege Möhring ist ständig einsatzbereit und im Umgang mit den Patienten sehr einfühlsam. Er arbeitet umsichtig und zuverlässig. In das Schwesternkollektiv ist er voll integriert.

Vorgebrachte Motive

Er möchte in der BRD ein neues Leben anfangen. Hier ist er in allem gescheitert, selbst in seiner Ehe. Er hat keine politischen Motive vorgebracht.

Kontakt

Kollegin Margrit Biebeler auf Grund der gleichen Entscheidung (ÜE), die seit Antragstellung o. g. Kollegin bestehen; zu allen Schwestern der Hufeland-Klinik losen Kontakt

Hobbys

klassische Musik
spielt selbst Gitarre

Charaktereigenschaften, auffällige Verhaltensweisen

reagiert spontan in besonderen Situationen, leicht reizbar

Möglichkeiten der Einflußnahme zwecks Rücknahme des ÜE

Kollege Möhring muß das Gefühl haben, daß er absolut als vollwertiger Mensch anerkannt wird. Er darf keine Gegenreaktion auf sein ÜE spüren. Diskussionen, die in irgendeiner Weise politischen Charakter tragen, würde er abblocken. Beispielsweise Bemerkungen, daß er drüben arbeitslos wäre, würde er nicht akzeptieren. Er sieht die dortigen Verhältnisse zur Zeit in rosigen Farben. Wird im Kollektiv über die Situation in der BRD gesprochen, wird er unsachlich.

Wirksamkeit gesellschaftlicher Kräfte

a) staatliche Leitung: Kollegin Ullrich als Chefärztin der Hufeland-Klinik versucht, ihn positiv zu beeinflussen.
b) BGL: zur Zeit noch fungierenden BGL-Vorsitzenden, Kolln. Haberland, hat er trotz seines Austritts aus dem FDGB noch ein gutes Verhältnis
c) BPO[10]: entfällt
d) FDJ[11]: entfällt
e) Arbeitskollektiv: wird als vollwertiges Mitglied geachtet und behandelt
f) Wohngebiet: nicht bekannt

Einschätzung durch den Betreuer

Hierzu können z. Zt. noch keine Aussagen getroffen werden.

Arbeitsmäßige Veränderungen

nicht vorgesehen

Termine der Gesprächsführung und Berichterstattung

monatlich

Kontrollmaßnahmen

Kontrolle des Aufenthalts im Urlaub
Verbindung zum ABV[12], Genossen Zabel

---

10 Betriebsparteiorganisation

11 Freie Deutsche Jugend

12 Abschnittsbevollmächtigter; ein leitender Volkspolizist für einen bestimmten Stadtbezirk

Zusätzliche Kontrollmaßnahmen zu gesellschaftlichen Höhepunkten

Einsatz im Frühdienst am 1. Mai 1987

Möglichkeit der Arbeitsplatzbindung zu gesellschaftlichen Höhepunkten

analog zu 18.

Sofortinformation bei Urlaub usw.

wird beachtet

Kurzeinschätzung zum Betreuer

Möbius, Beate

Sie ist im Verhalten ruhig und sachlich, detektivische Fähigkeiten. Herr Möhring hat Vertrauen zu ihr, deshalb als Betreuer gut geeignet.

Apollensdorf-Nord, den 28.04.1987
(Unterschrift)
MR P. Dubro
Ärztlicher Direktor

Beate Möbius kannte ich schon lange bevor ich in der Hufeland-Klinik meine Tätigkeit als Pfleger aufnahm. Sie wohnte nur ein paar Häuser von meinen damaligen Schwiegereltern entfernt, und in einem kleinen Dorf wie Kemberg blieb es nicht aus, daß einer den anderen kannte.

Wenn auch einige Daten im Betreuungskonzept nicht stimmen, so wußte doch die Klinikleitung sehr gut über mich Bescheid. Das war nicht verwunderlich, denn in den Betrieben der DDR gab es so gut wie keine Privatsphäre. Das Wort Datenschutz war weitgehend unbekannt. Alle Angelegenheiten und Vorkommnisse wurden »mit dem Kollektiv« besprochen. Und das galt auch für den privaten Bereich. War jemand beispielsweise einmal wegen Trunkenheit am Steuer aufgefallen, konnte es durchaus sein, daß die Polizei zusammen mit seinen Arbeitskollegen diesem Jemand die Leviten las.

Mit Ausnahme der Stationsschwester Christa Richter gab es keine Kollegin, die mich ernsthaft von meinem Vorhaben abbringen wollte. Den meisten dürfte es egal gewesen sein, was natürlich nicht ihre offizielle Meinung sein durfte. Andere beneideten mich vielleicht im Geheimen, *was nun gar nicht akzeptiert werden würde*, hätten sie sich dazu geäußert.

Eine Krankenschwester, sie war etwa im gleichen Alter wie ich, durfte im selben Jahr ihre Verwandtschaft in Westdeutschland besuchen. Ich unterhielt mich nach der Arbeit lange mit ihr und ließ mir das Land erklären, das ich kaum kannte, wo ich aber gern leben wollte.

Sie selbst konnte sich nicht vorstellen, auf Dauer im Westen zu leben, fand aber viele Dinge dort sehr angenehm.

Innerlich fühlte ich mich als Mensch zweiter Klasse, weil ihr etwas erlaubt wurde, was mir verboten war. Trotzdem freute es mich, daß sie reisen durfte und mir auf diese Weise viele Informationen geben konnte.

Eine Reise in die Vergangenheit

In meiner Freizeit fuhr ich gern mit dem Moped durch die Gegend. Hierbei konnte ich mich entspannen und entfloh für kurze Zeit dem Streß, dem ich gerade ausgesetzt war.

In der Stadt Moped zu fahren, war damals weitaus angenehmer, als es heute der Fall ist. Zum einen gab es nicht so viele Autos, zum anderen fuhr keins dieser Mopeds unter 60 – 65 km/h und war somit keine Verkehrsbremse, wie die heutigen Mopeds oder Roller, bei denen nur eine Geschwindigkeit von 45 km/h erlaubt ist.

Über sieben Jahre waren vergangen, seit ich aus dem Gefängnis von Torgau entlassen wurde. Eines Nachmittags kam es mir in den Sinn, den Ort zu besuchen, wo ich so viele Monate leiden mußte. Torgau war nur etwas mehr als 50 Kilometer entfernt. Mit dem Moped war das kein Problem und so fuhr ich hin.

In Torgau brauchte ich nicht lange suchen, um das Gefängnis zu finden. Plötzlich stand ich vor den hohen Mauern, sah die vergitterten Fenster und einige Gefangene dahinter. Dieselben unglücklichen Gefühle, die ich 1979 hatte, stiegen wieder in mir hoch. Auf der anderen Seite gaben sie mir auch Kraft, meine aussichtslose Situation in der zu erwartenden Auseinandersetzung mit der Abteilung Innere Angelegenheiten durchzustehen. Die Zeit jetzt war nichts im Vergleich zu der Zeit damals in Arrest.

Auf der Fahrt zurück hatte ich etwas Mut geschöpft für meinen Kampf um eine Übersiedlung.

Meinen zweiten Ausreiseantrag stellte ich einen Monat später, am 1. April 1987. Gleichzeitig schrieb ich an den Staatsrat der DDR, weil auf meinen ersten Antrag auf Übersiedlung noch keinerlei Reaktion seitens der Abteilung Innere Angelegenheiten erfolgte. Außerdem wollte ich, daß mein Übersiedlungswunsch auch in Berlin bekannt wird. Von nun an beschloß ich, jeden Monat einen Antrag auf Übersiedlung in die BRD zu stellen, bis sich eine Reaktion zeigte oder mein Antrag genehmigt wurde.

Suche nach gesetzwidrigen Handlungen

Meine Ausdrucksweise in den Ausreiseanträgen war teilweise herausfordernd. Diese Provokationen blieben nicht ohne Folgen.

Wie ich heute den Akten entnehmen kann, dachte die Abteilung Innere Angelegenheiten in Wittenberg bereits nach meinem Ausreiseantrag vom 1. März 1987 darüber nach, mich gemäß § 220 StGB[i] aus dem Verkehr zu ziehen. Dieser Paragraph besagte, daß öffentliche Äußerungen, welche die Staatsmacht als beleidigend betrachtet, mit Gefängnis bestraft werden können.

Zwar achtete ich in meinen Ausreiseanträgen darauf, die Staatsmacht nicht zu beschimpfen, doch die Auslegung des § 220 StGB durch die Behörden sollte mir erst später klarwerden.

Es folgt ein Ausschnitt aus einem Protokoll. Unwichtige oder dem Leser bekannte Daten wurden ausgelassen. Das wird auch in den folgenden Berichten oder Protokollen in diesem Buch so gehandhabt.

Wittenberg, den 22.04.1987

MfS[13] *Halle*
Diensteinheit: KD[14] *Wittenberg*
Mitarbeiter: Walther

Übersichtsbogen zur operativen Personenkontrolle

»Pfleger«
(Deckname)

7. Gründe für den Abschluß/Einstellen der OPK[15]

Qualifizierung zum OV[16] *wegen des Verdachtes der Begehung von Straftaten gem. § 220 StGB*

Bestätigt: 26.06.1987
(Unterschrift)
Oberfeldwebel
(Unterschrift)
Hauptmann

---

13 Ministerium für Staatssicherheit
14 Kreisdienststelle
15 Operative Personenkontrolle
16 Operativ-Vorgang

Die ersten beiden Gespräche mit der Abteilung Innere Angelegenheiten erfolgten einige Wochen nach meinem zweiten Ausreiseantrag. Wahrscheinlich war die plötzliche Vorladung eine Reaktion auf meinen Brief an den Staatsrat der DDR.

Bei den Gesprächen mit der Behörde nahm ich kein Blatt mehr vor den Mund. All die Wut, die sich bezüglich der Verweigerung meiner Übersiedlung in all den Jahren angesammelt hatte, ließ ich nun heraus.

Die Argumente für meine Übersiedlung brachte ich diesmal in einer sehr offensiven Art und Weise zum Ausdruck. Die Zeiten, wo mich die Behörde einschüchtern konnte, waren vorbei. Ich stand nicht mehr unter Bewährung und kämpfte nun wie ein Löwe für mein Vorhaben. Mit meiner Meinung wich ich keinen Zentimeter zurück. Die Zeiten waren vorbei, wo die Staatssicherheit meine Verwandtschaft angreifen oder gegen mich einsetzen konnte.

Der Kampf bestand jetzt nur noch aus zwei Seiten: Ich und der Staat.

Wittenberg, den 22. April 1987

Kreisdienststelle Wittenberg

bestätigt:
Leiter der Kreisdienststelle
(i. V. Unterschrift) Bolewski
Oberstleutnant

Einleitungsbericht

zur Durchführung der operativen Personenkontrolle »Pfleger«, Reg.-Nr. VIII / 87

Zu der Person
[die üblichen persönlichen Daten]

wird vorgeschlagen, auf der Grundlage folgender op.-bed. Anhaltspunkte eine OPK einzuleiten:

Seit dem 01.03.1987 tritt der M., nach mehrmaligen Rücknahmen und Widerrufen (1978, 1980, 1987), erneut bei der Abt. Innere Angelegenheiten beim Rat des Kreises Wittenberg mit einem Versuch zur Erreichung der Übersiedlung nach der BRD operativ in Erscheinung. M. verfügt über keinerlei abgeschlossene Schul- oder Berufsausbildung. Er ist als Hilfspfleger in der Hufeland-Klinik tätig. Durch seinen labilen Charakter unterliegt er ständig den negativen Einflüssen der PiD[17], sowie seinem negativen Umgangskreis im Wohn- und Arbeitsbereich.

M. besitzt eine feindlich, negativ-verfestigte Grundeinstellung zu den gesellschaftlichen Verhältnissen in der DDR und identifiziert sich nach seinen Angaben mit den Moralvorstellungen und sozialen Verhältnissen des Imperialismus in der BRD. Bei Aussprachen in der Abt. Innere Angelegenheiten/Bereich Genehmigungswesen beim Rat des Kreises Wittenberg, bringt er diese feindlich-verfestigte Haltung in einer überheblichen, anmaßenden und provozierenden Art und Weise zum Ausdruck.

Bereits seit 1976 trat der M. mit der Absicht, sein weiteres Leben in der BRD zu führen, operativ mit Versuchen des ungesetzlichen Grenzübertritts in Erscheinung. 1976 und 1978 wurde der M. gemäß § 213 StGB[ii] mit Freiheitsstrafen von 1 Jahr bzw. 2 Jahren und 3 Monaten strafrechtlich zur Verantwortung gezogen. Die genannten operativen Anhaltspunkte verdeutlichen, daß es sich bei M. um einen hartnäckigen und feindlich-verfestigten Übersiedlungsersuchenden handelt, bei dem mit einer weiteren Forcierung seiner Anstrengungen zur Erreichung der Übersiedlung zu rechnen ist. Aus den bisherigen operativen Anfällen des M. heraus, können dabei auch Demonstrativhandlungen nicht ausgeschlossen werden.

Am 01.04.1987 bekräftigte M. seinen Versuch zur Erreichung einer Übersiedlung nach der BRD vom 01.03.1987 durch ein Schreiben an den Rat des Kreises Wittenberg, Abt. Innere Angelegenheiten / Genehmigungswesen. In diesem Schreiben verunglimpft M. die sozialistische Volkswirtschaft der DDR, in dem er die Meinung vertritt, daß man seine Übersiedlung nicht genehmigt, weil Leute gebraucht werden, »um die verfahrene

---

[17] politisch-ideologische Diversion (Diversion = Störmanöver oder Sabotage gegen den Staat DDR; man hätte auch einfacher schreiben können: »... den negativen Einflüssen aus Westdeutschland ...«)

Wirtschaftskarre aus dem Dreck zu ziehen« und er es als schändlich betrachtet, daß man Menschen entgegen ihren Willen in einem Staat festhält. Versuche, den M. positiv zu beeinflussen, begegnet dieser ablehnend und blockiert diese mit entsprechenden Reaktionen in aggressiver Weise.

Auf Grundlage der vorgenannten operativ-bedeutsamen Anhaltspunkte, ist die OPK mit folgender Zielstellung zu realisieren:

Vorbeugende, schadensabwendende Verhinderung feindlich-negativ und öffentlichkeitswirksamer Demonstrativhandlungen bei der Durchsetzung der Übersiedlungsabsichten durch den M.

Herausarbeitung von op.-bedeutsamen Anhaltspunkten für die Begehung strafbarer Handlungen gemäß § 220 StGB durch den M.

Vorbeugende Verhinderung der Begehung von Straftaten gemäß § 213 StGB durch den M.

Herausarbeitung von Möglichkeiten und Ansatzpunkten zu einer wirksamen Rückdrängung des M. als Übersiedlungsersuchender.

Referatsleiter U/PiD
(Unterschrift)
Schuster
Major

Operativer Mitarbeiter
(Unterschrift)
Walther
Oberfeldwebel

Das MfS rechnete wieder mit Demonstrativhandlungen von mir. Wie der drittletzte Punkt im Bericht zeigt, richtete sich das Hauptaugenmerk auf eine Straftat nach § 220 StGB, also der »öffentlichen Herabwürdigung« der DDR. Ein Verstoß gegen diesen Paragraphen, würde mich wieder hinter Gittern bringen und mich mundtot machen.

Zwar sprach ich auf der Arbeitsstelle oder im privaten Bereich offen über meinen Übersiedlungsantrag, jedoch hielt ich mich mit Verunglimpfungen der DDR zurück. Dieses öffentliche Reden über einen Ausreiseantrag durfte in der DDR jedoch nicht sein, und so suchte der Staat nach Möglichkeiten, mich der Öffentlichkeit zu entreißen.

Von all dem ahnte ich weder etwas, noch war mir damals der Paragraph 220 StGB bekannt. Im Gefängnis lernte ich nie jemanden kennen, der wegen einem Verstoß dieses Paragraphen verurteilt wurde.

Auf verbale Konfrontationen mit der Staatsmacht war ich stets vorbereitet. Ich kannte mittlerweile die Kniffe, die bei Verhören und Aussprachen angewandt wurden, um mich zur Rücknahme des Antrages zu bewegen.

Das brachte mir eine gewisse Selbstsicherheit. In meinen monatlichen Ausreiseanträgen brachte ich nun oft Argumente aus der aktuellen Politik vor.

Immer mehr provozierte ich, in der irrigen Annahme, dies könnte die Bearbeitung meines Antrages beschleunigen.

Die ersten Unruhen

Das Jahr 1987 brachte die ersten Unruhen in der Bevölkerung der DDR. Immer mehr Menschen protestierten öffentlich für das Recht auf Reisefreiheit. Nur war damals bei weitem noch nicht abzusehen, daß die Regierung der DDR zwei Jahre später das Handtuch werfen würde. Erste größere Hoffnungen gab es mit der Machtübernahme von Gorbatschow in der Sowjetunion. Aber das baldige Ende der DDR hat wohl 1987 noch niemand vorausgesehen. Wohl noch nicht einmal die Regierung der DDR selbst.

In der Hufeland-Klinik wurde eher wenig über den sich anbahnenden Wandel gesprochen. Das war verständlich, denn die meisten Kollegen waren mit ihrem derzeitigen Leben zufrieden und kümmerten sich kaum um Politik. Nur eine etwa fünf Jahre ältere Kollegin, die Chefsekretärin der Hufeland-Klinik Margrit Biebeler, stellte ebenfalls einen Ausreiseantrag.

Ich glaubte nicht, daß es einmal zu einem grundlegenden Wandel des Systems kommen würde. Für mich saß die DDR-Führung noch allzu fest im Sattel. Es waren zu wenige Menschen, die sich damals getraut hatten, öffentlich ihre Meinung zu sagen. Von daher war ich mir sicher, die Staatsmacht würde sie sehr bald mundtot machen.

Wittenberg, den 13. Mai 1987

Kreisdienststelle Wittenberg

bestätigt:
(i. V. Unterschrift)
Bolewski
Oberstleutnant

M a ß n a h m e p l a n

zur Durchführung der OPK »Pfleger«, Reg.-Nr. VIII / 87

Zur Realisierung der Zielstellung der OPK werden folgende Maßnahmenkomplexe vorgeschlagen:

Aufklärung des Arbeits-, Wohn- und Freizeitbereiches der unter OPK stehenden Person sowie dessen Umgangs- und Verbindungskreises.

Prüfung der Möglichkeit des Einsatzes geeigneter IM[18] *der KD Wittenberg nach Vorgabe eines zu erarbeitenden Anforderungsbildes mit dem Ziel der Aufklärung der Pläne, Absichten, Mittel und Methoden des M. zur Durchsetzung seiner Übersiedlungsabsichten sowie zur Kontrolle im Arbeits-, Wohn- und Freizeitbereich.*

[18] Inoffizieller Mitarbeiter der Staatssicherheit

Suche nach Auswahl geeigneter Kontaktpersonen aus dem Arbeits-, Wohn- und Freizeitbereich des M. mit dem Ziel der Prüfung einer inoffiziellen Nutzbarkeit zur Aufklärung der Pläne, Absichten, Mittel und Methoden des M. zur Durchsetzung seiner Übersiedlungsabsichten und zur Kontrolle des M. in den genannten Bereichen sowie zur vorbeugenden, schadensabwendenden Verhinderung von feindlich-negativen Handlungen durch den M.

Koordinierung des operativen Zusammenwirkens mit den Partnern beim VPKA[19] *Wittenberg mit dem Ziel der Aufklärung des M. durch die DVP*[20] *und der Prüfung der Möglichkeit des Einsatzes inoffizieller Kräfte der K-Arbeitsrichtung I.*

Herausarbeitung und Schaffung von Ansatzpunkten einer wirksamen und dauerhaften Rückdrängung des M. in seinen Übersiedlungsabsichten und Umsetzung durch die Partner des politisch-operativen Zusammenwirkens beim Rat des Kreises Wittenberg, Abt. Innere Angelegenheiten/Genehmigungswesen, in der offensiven Gesprächsführung.

Konsultation mit der Abt. IX und der BKG[21] *zur strafrechtlichen Einschätzung der bisherigen Aktivitäten des M. und zur Festlegung weiterer Bearbeitungsschritte.*

Erstellung eines Sachstandes, Einschätzung der erreichten Ergebnisse und Entscheidung über die Durchführung weiterer politisch-operativer Maßnahmen.

Referatsleiter U/PiD
(Unterschrift) *Schuster - Major*

Operativer Mitarbeiter
(Unterschrift) *Walther – Oberfeldwebel*

---

[19] Volkspolizei Kreisamt
[20] Deutsche Volkspolizei
[21] Bezirkskoordinierungsgruppe

Hin und wieder führte die Leitung der Hufeland-Klinik Aussprachen mit mir durch, wozu sie verpflichtet wurde und dessen Ergebnis dann an den Rat des Kreises Wittenberg, Abteilung Innere Angelegenheiten, weitergeleitet wurde.

Mir war klar, daß ich auf diese Weise ausgehorcht wurde, aber das war mir egal. Die Sache war in Bewegung, und das allein war mir wichtig.

Am 26. April 1987 schrieb ich erneut an den Staatsrat der DDR in Berlin, in welchem ich meine Forderung nach Ausreise bekräftigte. Dieses Schreiben ging am 30. April 1987 dort ein. Hierauf folgte am 14. Mai 1987 eine weitere Anhörung bei der Abteilung Innere Angelegenheiten in Wittenberg.

Wittenberg, den 14.05.1987

Rat des Kreises
Abteilung Innere Angelegenheiten

Protokoll

über die am 14.05.1987 durchgeführte Aussprache mit dem Ersucher Möhring, Michael

Auch dieses Gespräch brachte nicht den entsprechenden Erfolg.

[…]

Der Ersucher blieb in der gesamten Gesprächsführung sehr ruhig. Seine Antworten wirkten überlegt und durchdacht. Mit der Rücknahme des Ersuchens ist hier kaum zu rechnen.

(Unterschrift)
Streit

Eine weitere Vorladung bei der Abteilung Innere Angelegenheiten fand am 23. Mai 1987 statt. Wie befürchtet, brachte mich auch dieses Gespräch keinen Schritt weiter. Die Behörde hielt mich hin und machte mir keinerlei Hoffnungen, die DDR jemals verlassen zu können.

Auf gepackten Koffern

Eine Antwort vom Staatsrat aus Berlin blieb wie erwartet aus.

Für mich waren alle Dinge erledigt. Die Scheidung war abgeschlossen, die Frage nach dem Unterhalt unseres Sohnes geklärt, und meine geschiedene Frau würde all meinen persönlichen Besitz bekommen, den ich nach meiner Übersiedlung zurücklasse.

Trotz Scheidung wohnten wir immer noch in unserer gemeinsamen Wohnung, was in der DDR die Regel war. Es war fast aussichtslos, eine neue Wohnung zu bekommen. Geschiedene Paare lebten in der DDR oft noch sehr lange Zeit zusammen. Meist war es der Mann, der ausziehen wollte oder mußte, denn in der Regel behielt die Frau nach einer Scheidung die Kinder. In der DDR konnte man nicht selbst auf Wohnungssuche gehen, Wohnraum vergab nur der Staat. Der bot – oder meistens auch nicht – insgesamt dreimal eine Wohnung an, von denen man dann eine zu nehmen hatte.

Weil also alles bereits erledigt hatte, saß ich mehr oder weniger auf gepackten Koffern.

Trotzdem beantragte ich neuen Wohnraum, weil das Zusammenleben mit meiner geschiedenen Frau auf Dauer keine Lösung war. Ich wußte wohl, eine neue Wohnung würde ein Problem für das Wohnungsamt darstellen und ich konnte auf dem Amt jedes Mal hervorbringen, man solle mich doch einfach ausreisen lassen, dann benötige ich keinen Wohnraum.

Ich war mir sicher, daß derartige Äußerungen an die richtigen staatlichen Stellen weitergeleitet wurden und meine Ausreise nur beschleunigen konnten.

Die Ereignisse am 8. Juni 1987

Vor dem Reichstag in Westberlin kam es am Pfingstmontag, dem 8. Juni 1987, im Verlauf eines Open-Air-Konzertes nahe der Berliner Mauer auf Ostberliner Seite zu schweren Zusammenstößen zwischen etwa tausend Jugendlichen und der Volkspolizei. Es wurden Rufe laut wie »Gorbatschow, Gorbatschow« oder »Weg mit der Mauer«.

Diese jungen Menschen akzeptierten nicht, daß eine Mauer, die der Staat errichtet hatte, sie davon abhielt, am Konzert teilzunehmen. Sie hatten von der Beschränkung ihrer Freiheit die Nase gestrichen voll.

Der RIAS berichtete an diesem Tag:

»Langsam rückte die Polizeikette weiter vor, gefolgt in dichter Staffel von den Polizeiautos. An der Ecke Friedrichstraße -Unter den Linden staunten die Gäste des dortigen Hotels nicht schlecht, als sie die etwa tausendköpfige Menge sahen und ihre Sprechchöre hörten, die inzwischen politischen Inhalt bekommen hatten. Weiter drängten die Polizisten Richtung Staatsoper, und wieder wurden einzelne herausgegriffen.

›Im Moment wird einer der Demonstranten abtransportiert, den man durch die Polizeikette hindurch gegriffen hat, offenbar mit zivilen Beamten, er ist an Händen und Füßen getragen worden, auch mit Fußtritten behandelt worden, mit einzelnen Fußtritten, und es gab Protestrufe der Menge, Pfiffe der Menge, und jetzt auch Protesthupen von Fahrzeugen. Die Unruhe ist im Moment etwas stärker geworden. Der Festgenommene wird mit ziemlichem Gerangel in einen Lada der Volkspolizei gezogen und dann wohl abtransportiert. Es ging nicht ganz ohne Heftigkeiten ab, das ist ganz deutlich zu sehen gewesen.‹

Vielen anderen erging es ähnlich, auch der Schlagstock wurde eingesetzt. Etwa zwanzig Festnahmen insgesamt haben westliche Beobachter gezählt, es dürften aber einige mehr gewesen sein. Denn kurz darauf setzte die Polizei im Laufschritt zur Jagd an. Die Menge floh, bis zum Marx-Engels-Platz ging die Hatz. Erst gegen 1.00 Uhr war auf Ostberlins Prachtstraße ›Unter den Linden‹ wieder die gewohnte Ruhe eingekehrt.«

Im Hintergrund der Nachrichtensendung waren Schreie und Pfiffe der Demonstranten zu hören, sowie Rufe wie »Bullenschweine« oder »die Mauer muß weg«. Das Westfernsehen zeigte, wie brutal die Volkspolizei gegen die Jugendlichen vorging.

Damals hielt ich dieses Ereignis für eine Eintagsfliege. Nie hätte ich gedacht, daß die Staatsführung ab diesem Tag nie wieder Ruhe haben würde. Immer öfter sollte es zu Protesten kommen, die zwei Jahre später in den Montagsdemonstrationen ihren Höhepunkt fanden.

Der Stein des Anstoßes

Es gab mir Mut, im Fernsehen zu sehen, wie sich immer mehr Menschen diese Mauer wegwünschten. Ich sah mich in meinen Ideen bestätigt und stand nicht mehr allein da, wie es noch Ende der 1970er und Anfang der 1980er Jahre der Fall war. Nun konnte mich die Abteilung Innere Angelegenheiten nicht länger als Außenseiter hinstellen und behaupten, keiner, der klar bei Verstand ist, will in den Westen.

Diese Jugendlichen waren *auch* das Volk. Jeder konnte nun deutlich sehen, daß es definitiv auch andere Meinungen in der DDR gab und daß an ihren 99,5-prozentigen Wahlerfolgen etwas faul war.

An diesem 8. Juni 1987 schrieb ich aufgrund der Vorkommnisse in Berlin einen weiteren Ausreiseantrag, worin die Staatsmacht schließlich ein Motiv fand, mich festzunehmen.

Wittenberg, den 08.06.1987

An den
Rat des Kreises Wittenberg
Abteilung Inneres

Betrifft: Übersiedlung in die Bundesrepublik Deutschland und Aberkennung der Staatsbürgerschaft der DDR

Anläßlich der Pfingstzwischenfälle an der Ost-Berliner Mauer am Brandenburger Tor, sende ich Ihnen mein Protestschreiben.

Das Eingreifen der Volkspolizei der DDR auf harmlose, unbewaffnete Jugendliche, die lediglich ihr Recht auf Freiheit und ein Leben ohne diese menschenverachtende Mauer kundtaten, ruft in mir den schärfsten Protest hervor.

Ich setze diesem Eingreifen einen erneuten Antrag auf Übersiedlung in die Bundesrepublik Deutschland und Aberkennung der Staatsbürgerschaft der DDR entgegen, denn ich kann so etwas nicht billigen.

Michael Möhring

Dieser Brief erreichte am 10. Juni 1987 den Rat des Kreises Wittenberg, Abteilung Innere Angelegenheiten. Einen Tag später wurde dieses Schreiben zusammen mit einem Übergabeprotokoll an die Ermittlungsbehörden weitergeleitet.

Inhalt:

1 Schreiben vom 08.06.1987 an den Rat des Kreises Wittenberg, Abteilung Innere Angelegenheiten
1 Übergabeprotokoll vom 11.06.1987

Wittenberg, den 11.06.1987
Rat des Kreises Wittenberg
Abt. Innere Angelegenheiten

Übergabeprotokoll

Am 11.06.1987 wurde durch die Mitarbeiter der Abteilung Innere Angelegenheiten, Genehmigungswesen, den Sicherheitsorganen ein Schreiben des Übersiedlungsersuchenden Möhring vom 10.06.1987 an den Rat des Kreises Wittenberg übergeben.

(Unterschrift)

Etwa zwei Wochen später bekam ich die nächste Vorladung bezüglich meines Ausreiseantrages. Innerlich wußte ich, daß ich das letzte Schreiben äußerst angriffslustig verfaßt hatte, doch darauf ging die Abteilung Innere Angelegenheiten bei der Aussprache nicht ein. Statt dessen waren es wieder end- und sinnlose Diskussionen, die zu nichts führten.

Nur wußte die Behörde zu diesem Zeitpunkt etwas, womit ich noch nicht einmal rechnete. Wahrscheinlich hatte man mich nur deswegen zum Gespräch geladen, um sich daran zu ergötzen, daß derjenige, der vor ihnen saß, bald ›gesiebte Luft‹ atmen würde, und er noch nicht einmal etwas davon ahnt. Ich bin mir heute sicher, das war für die Abteilung Innere Angelegenheiten damals ein Riesenspaß.

Ich schrieb die Anträge auf Übersiedlung an den Rat des Kreises, wie andere Leute Tagebuch führen. Dabei achtete ich kaum auf die Form, schrieb gezwungenermaßen mit der Hand, denn an eine Schreibmaschine zu kommen, war im Jahre 1987 noch immer fast unmöglich, und im Grunde war mir der Inhalt des Schreibens egal. Was ich wollte, war dem

Rat des Kreises schon lange bekannt. Warum also noch viele Worte verlieren? Mit all diesen Schreiben blieb ich den Beamten der Genehmigungsstelle im Gedächtnis. Deswegen kramte ich in jedem Ausreiseantrag einen anderen Grund hervor, warum ich die DDR nicht mochte. Meine Taktik war nicht nur, mit diesen Ersuchen ständig Bewegung in die Sache zu bringen, sondern auch zu nerven.

Am 22. Juni 1987 schrieb ich erneut an den Staatsrat der DDR. Auch dieser Brief wurde nicht beantwortet.

Einleitung eines Strafverfahrens

Obwohl die Staatsmacht mit meinem Brief vom 8. Juli 1987 nun ihren Grund hatte, mich der Öffentlichkeit zu entreißen, geschah in den folgenden Wochen nichts.

Wittenberg, den 26. Juni 1987
Kreisdienststelle Wittenberg

bestätigt:

Stellvertreter Operativ
(Unterschrift) *Hahn*
Oberstleutnant

Eröffnungsbericht zum Operativ-Vorgang »Pfleger«, Reg.-Nr. VIII 1077/87

Es wird vorgeschlagen, die Person

[Angaben zu meiner Person]

wegen des Verdachts der Begehung von Straftaten gemäß § 220 StGB einen Operativ-Vorgang anzulegen.

Begründung zum Anlegen des OV

[...]

Seit dem 22.04.1987 wird zu dem M. wegen operativer Anhaltspunkte zur Begehung strafbarer Handlungen gem. des § 220 StGB, die in einem Schreiben des M. vom 01.04.1987 an den Rat des Kreises, Abteilung Inneres, offiziell dokumentiert sind, sowie seiner nachweislich feindlich-negativen, verfestigten Grundeinstellung zu den gesellschaftlichen Verhältnissen in der DDR, die sich unter anderem in seinem zweimal versuchten ungesetzlichen Verlassens unserer Republik widerspiegelt, eine OPK durchgeführt.

Alle im Rahmen des Rückdrängungsprozesses durchgeführten Maßnahmen durch die Partner des pol.-op. Zusammenwirkens blieben ohne Erfolg und wurden von dem M. ignoriert. In den geführten Aussprachen beim Rat des Kreises Wittenberg bewies der M., ausgehend von seiner feindlich-negativen Grundeinstellung zur DDR, seine hartnäckige verfestigte Haltung in Bezug seiner Übersiedlungsabsichten. In mehreren Schreiben an den Rat des Kreises sowie übergeordneten staatlichen Organen bekräftigt der M. sein Übersiedlungsersuchen und erhofft sich dadurch eine schnellere Bearbeitung.

In einem Schreiben vom 01.04.1987 verunglimpft M. die sozialistische Volkswirtschaft der DDR, indem er die Meinung vertritt, daß man seine Übersiedlung nicht genehmigt, »... weil Leute gebraucht werden ... um die verfahrene Wirtschaftskarre aus dem Dreck zu ziehen ...« und er es als schändlich betrachtet, daß man Menschen entgegen ihren Willen in einem Staat festhält.

In einem weiteren Schreiben des Verdächtigen, welches er am 08.06.1987 ebenfalls an den Rat des Kreises Wittenberg richtet, erhebt dieser Protest gegen Maßnahmen der Schutz- und Sicherheitsorgane zu Pfingsten 1987 in Berlin und bezeichnet die Grenzsicherungsanlagen als «menschenverachtende Mauer«.

Pol.-op. und strafrechtliche Bewertung

Der Verdächtige betreibt seine Versuche zur Erreichung einer Übersiedlung nach der BRD nachweislich aus einer negativ-feindlichen Einstellung zu den gesellschaftlichen Verhältnissen in der DDR. Bei der Durchsetzung seiner Übersiedlungsbestrebungen sind Konfrontationen mit den Staatsorganen eingeplant.

Es kann eingeschätzt werden, daß der Verdächtige für unsere Gesellschaft nicht rückgewinnbar ist.

Mit seinem Schreiben vom 01.04.1987 an den Rat des Kreises Wittenberg macht der Verdächtige die gesellschaftliche Ordnung der DDR verächtlich. Sein Schreiben vom 08.06.1987 bzw. die darin schriftlich gemachten Äußerungen sind geeignet, die staatliche und öffentliche Ordnung der DDR herabzuwürdigen und diese verächtlich zu machen. Durch die Anfertigung dieser Schreiben und deren Versand an oben genannte staatliche Institutionen ist der Verdacht gemäß § 220 Absatz 1 und 2 StGB gegeben.

Diese operative Bearbeitung des OV erfolgt in Abstimmung mit der BKG und der Abteilung IX der BV[22] *Halle.*

Ref.-Ltr. UG/PID
(Unterschrift) *Schuster*
Major

Operativer Mitarbeiter
(Unterschrift) *Walther*
Oberfeldwebel

Leiter der Kreisdienststelle
(Unterschrift) *Bolewski*
Oberstleutnant

[22] Bezirksverwaltung

Halle, 1. Juli 1987

Bezirkskoordinierungsgruppe

Stellungnahme zum Anlegen des OV »Pfleger«, Reg.-Nr. VIII 1077/87, KD Wittenberg

Der OV »Pfleger«, aus OPK entwickelt, soll gegen den hartnäckigen Übersiedlungsersuchenden

Möhring, Michael
[...]

wegen des Verdachtes der Begehung einer Straftat gemäß § 220 StGB angelegt werden.

Die politisch-operative Zielstellung besteht in der Nachweisführung der Verletzung des o. g. Straftatbestandes Verhinderung öffentlichkeitswirksamer Demonstrativhandlungen.

Die OV-Person ist mehrfach vorbestraft und besitzt eine feindlich-negative Einstellung zu den gesellschaftlichen Verhältnissen in der DDR. Seine Aktivitäten zur Durchsetzung des ÜE sind auf eine Konfrontation mit dem Staatsorgan ausgerichtet.

In einem am 08.06.1987 an die Abteilung Inneres des Rates des Kreises Wittenberg gerichteten Schreiben wird die staatliche Ordnung herabgewürdigt.

Die zügige Bearbeitung des OV erfolgt in enger Koordinierung mit der BKG der Abteilung IX der BV Halle. Der Anlage des OV wird durch die BKG zugestimmt.

Leiter der BKG
(Unterschrift)
Gaudig
Oberstleutnant

Vorbereitung zur Festnahme

Etwa drei Wochen, nachdem die Abteilung Innere Angelegenheiten in Wittenberg mein Ausreiseersuchen der Staatssicherheit übergeben hatte, wurde am 1. Juli 1987 meine Festnahme, samt der dazugehörigen Durchsuchung der Wohnräume, vorbereitet.

Zu diesem Zeitpunkt ahnte ich noch nicht einmal, daß ich verhaftet werden könnte, obwohl bei Ausreisewilligen immer diese Gefahr bestand. Oft genug wurde im Westfernsehen davon berichtet, wie ausreisewillige Eltern eingesperrt und ihre Kinder in ein Heim gesteckt wurden. In dieser Beziehung ging es mir besser. Mein Sohn lebte bei meiner geschiedenen Frau, die in der DDR bleiben wollte. Alles, was passieren konnte, konnte mich nur persönlich treffen.

Der Paragraph 220 des Strafgesetzbuches war mir bis zu meiner Verhaftung zwar nicht bekannt, doch auch wenn ich diesen Paragraphen gekannt hätte, eine Gefahr hätte ich in meinem Fall darin nicht gesehen. Und selbst heute noch sehe ich in meinen Ausreiseanträgen keinen Verstoß gegen diesen Paragraphen.

Wittenberg, 1. Juli 1987

Kreisdienststelle Wittenberg

bestätigt: (Unterschrift)
Leiter der Kreisdienststelle
Bolewski
Oberstleutnant

O p e r a t i v p l a n

zum Operativ-Vorgang »Pfleger«, Reg.-Nr. 1077/87

Auf der Grundlage des vorliegenden Operativplanes und des Eröffnungsberichtes zum OV ist durch die Realisierung nachfolgend genannter Maßnahmenkomplexe die strafrechtliche Verantwortlichkeit des M. gemäß § 220 StGB nachzuweisen.

Erarbeitung einer politisch-operativen Materialanalyse mit dem Ziel der Herausarbeitung von strafrechtlich-relevanten Äußerungen und Aktivitäten des M.

Termin: 02.07.1987
Verantwortlich: Ofw. Walther
Kontrolle: Major Schuster

Erarbeitung einer umfassenden Persönlichkeitseinschätzung zu M. (Auskunftsbericht)

Termin: 01.07.1987
Verantwortlich: Ofw. Walther
Kontrolle: Major Schuster

Koordinierungsberatung mit der BKG und der Abt. IX der BV Halle und Festlegung weiterführender politisch-operativer Maßnahmen

Termin: 30.06.1987
Verantwortlich: Ofw. Walther

Vorbereitung und Durchführung der vorläufigen Festnahme des M. und einer Wohnungsdurchsuchung sowie Zuführung zur Abt. XIV der BV Halle

Termin: 02.07.1987
Verantwortlich: Ofw. Walther
Kontrolle: Major Schuster

Einsatz der KP »Ullrich« im Arbeitsbereich des M. zur Kontrolle der Reaktion der Kontakt- und Verbindungspersonen auf die einzuleitenden strafprozessualen Maßnahmen

Termin: 02.07.1987
Verantwortlich: Ofw. Walther
Kontrolle: Major Schuster

Einleitung operativ-technischer Maßnahmen der Abt. M der BV Halle zu bekanntwerdenden Verbindungspersonen des M.

Termin: 03.07.1987
Verantwortlich: Ofw. Walther
Kontrolle: Major Schuster

Die Maßnahmenkomplexe werden nach vorliegender operativer Notwendigkeit präzisiert.

Referatsleiter U/PiD
(Unterschrift) *Schuster*
Major

Operativer Mitarbeiter
(Unterschrift) *Walther*
Oberfeldwebel

Ein Besuch in aller Frühe

Am Morgen des 2. Juli 1987 klingelte es gegen 6.00 Uhr an der Wohnungstür. Es war ein Donnerstag. Meine geschiedene Frau kam in mein Zimmer, weckte mich und sagte, vor der Tür ständen drei Männer, die zu mir wollten.

Ich hielt es zuerst für einen schlechten Scherz. Am Abend zuvor war ich auf einer kirchlichen Veranstaltung gewesen, danach genehmigte ich mir in meinem Zimmer noch einen kräftigen Schluck Schnaps, hörte über Kopfhörer Musik und legte mich erst gegen 3.00 Uhr früh ins Bett. Ich hatte bis Montag dienstfrei und hätte ausschlafen können.

Noch schlaftrunken stand ich auf, ging ins Wohnzimmer und sah vorsichtig aus dem Fenster.

Es standen tatsächlich fremde Leute in Zivil vor der Tür. Ich bekam ein ungutes Gefühl, zog mich schnell notdürftig an und öffnete die Wohnungstür. Einer der Männer teilte mir kühl mit, ich müsse »zur Klärung eines

Sachverhaltes« mit ihnen kommen. Es wurde mir weder ein Grund mitgeteilt, noch wurde mir gesagt, wohin es gehen sollte. Mitzunehmen hatte ich nur meinen Personalausweis, sonst nichts weiter.

Nachdem ich den Ausweis geholt und meine Sandalen angezogen hatte, legte mir einer der Männer Handschellen an. Ich sollte also nicht nur *mitkommen*, ich war verhaftet. Sie führten mich zur »Grünen Minna«[23], welche an der Hofeinfahrt auf mich wartete. Ich war froh, daß mich weder ein Nachbar, noch ein Bekannter in dieser Lage sah.

Die Zelle in der »Grünen Minna« weckte in mir böse Erinnerungen an frühere Haftzeiten. Doch aus welchem Grund wurde ich verhaftet? Sollte es, wie der Vorfall im Jahre 1980, wieder eine Art »Lehre« sein, die mich einschüchtern soll? Nein, das konnte ich mir nicht vorstellen. Es mußte ein anderer Grund vorliegen. Da ich mir keiner Gesetzesübertretung bewußt war, kam ich immer mehr zu der Überzeugung, es könne sich nur um meine Abschiebung in die Bundesrepublik Deutschland handeln. Das würde auch erklären, warum ich früh morgens in aller Stille abgeholt wurde.

Die Fahrt dauerte lange. Je länger sie dauerte, desto sicherer war ich mir, nun direkt in den Westen abgeschoben zu werden. Würde es sich um eine Verhaftung handeln, hätte man mich ins nächste Untersuchungsgefängnis, oder zumindest zur nächsten Polizeistation gebracht. Doch dazu dauerte die Fahrt zu lange.

Etwas fragwürdig erschien mir die Angelegenheit schon, denn ich hatte von Abschiebungen auf diese Art noch nie etwas gehört. Irgend etwas schien also doch nicht zu stimmen.

Mir brummte immer noch der Kopf von der vergangenen Nacht und ich konnte nur schwer einen klaren Gedanken fassen.

Irgendwann hielt das Auto an. Die Staatsgrenze lag etwa 200 Kilometer entfernt, wir konnten unmöglich schon da sein. Wir sind womöglich

[23] Grünes Auto für den Gefangenentransport ohne Fenster, jedoch mit Luftschlitzen. Dieser Begriff wurde seit Mitte des 19. Jahrhunderts gebraucht, als die Gefängniswagen noch von Pferden gezogen wurden.

noch nicht einmal eine Stunde gefahren. *Wo war ich also?* Ich hörte in meiner Zelle, wie die Männer ausstiegen und sich entfernten.

Es dauerte eine ganze Zeit, ehe zwei von ihnen zurückkamen, mich aus der »Grünen Minna« holten und zu einem Gebäude brachten, dessen Fenster vergittert waren. Wie ein Gefängnis sah es allerdings nicht aus, auch nicht wie eine Polizeistation. Es ging ein Stockwerk höher, wo ich in einen Raum geführt wurde und auf einen Stuhl Platz nehmen mußte. Einer der Herren, die mich verhaftet hatten, stellte sich wortlos hinter meinen Stuhl, der andere ging wieder aus dem Zimmer.

Werden hier die letzten Formalitäten erledigt?

Die erste Vernehmung

Der Raum war karg eingerichtet. Zwei Schritte vor mir stand ein großer Schreibtisch mit einem Telefon, einer Schreibmaschine und einem Stapel Papiere. Daneben stand ein Tonbandgerät samt einem auf mich zeigenden Mikrofon. An der Wand hing ein Bild von Erich Honecker. Mir gegenüber war ein großes, vergittertes Fenster, auf dessen Fensterbank eine Topfpflanze stand.

Mein Bewacher redete kein Wort mit mir, was mir durchaus recht war, denn noch immer fühlte ich mich von der letzten Nacht benebelt. Ich hatte wohl etwas zu tief ins Glas geschaut.

Es dauerte eine Weile, ehe ein Mann im mittleren Alter in Zivil das Zimmer betrat und mich kurz und wortlos musterte.

Ich fragte mich, ob er meine sicher vorhandene Alkoholfahne roch.

Er setzte sich, noch immer ohne ein Wort zu mir gesagt zu haben, an seinen Schreibtisch, werkelte kurz am Tonbandgerät herum und blätterte wichtigtuerisch in einigen Papieren herum. Eines der Papiere erkannte ich als meinen Ausreiseantrag wieder. *Scheinbar tut sich nun endlich etwas in meinem Fall.*

Dann sah er mich an und fragte nach meinen Personalien.

Auf meine Frage, was der Grund für meine Verhaftung sei und warum ich hier bin, antwortete er mir, ich sei beim Ministerium für Staatssicherheit in Halle[24] und werde wegen des Verdachts einer strafbaren Handlung vernommen.

Anschließend begann er die Vernehmung, indem er mir offiziell mitteilte, ich werde wegen des Verdachts der »öffentlichen Herabwürdigung« befragt.

Ich war erleichtert, denn ich konnte mich nicht erinnern, den Staat öffentlich herabgewürdigt zu haben. Es konnte sich also nur um eine Einschüchterung handeln.

In der Öffentlichkeit hatte ich immer auf meine Worte geachtet, wenn es um politische Dinge ging. Viel zu oft hatte ich von Leuten gehört, die wegen einer allzu lockeren Zunge eingesperrt wurden. Ein böser Witz über die DDR oder deren Staatsführung, bei heiterer Laune in einer Kneipe ausgeplaudert, konnte ausreichen, um zu einer Gefängnisstrafe verurteilt zu werden. Eine ältere Wirtin aus Klötze wurde zu einem Jahr Gefängnis verurteilt, weil sie im betrunkenen Zustand »Heil Hitler« gerufen hatte.

So war ich stets auf der Hut, nicht in derartige Schwierigkeiten zu kommen.

Nicht nur, weil ich mir keiner Schuld bewußt war, erklärte ich mich zu der Vernehmung bereit und verzichtete auf die Hilfe eines Rechtsanwaltes, sondern auch, weil ich annahm, nach dieser Vernehmung, die mich wohl ein letztes Mal einschüchtern sollte, in die Bundesrepublik Deutschland abgeschoben zu werden. Falls das nicht geschehe, fahre ich eben wieder nach Hause, aber mit der Gewißheit, daß sich nun endlich etwas in meinem Fall tut. Die Frage war dann nur, wie ich das ohne Geld anstellen sollte.

---

[24] Halle liegt rund 70 km südlich von Wittenberg

Der Mann kam auch schnell zur Sache und stellte klar, es ging um meine Ausreiseanträge. Er blieb bei seiner Meinung, ich hätte die DDR öffentlich herabgewürdigt. Der Beweis dafür wären meine beiden Wörter »menschenverachtende Mauer« in einem meiner Ausreiseanträge.

»Das ist richtig«, sagte ich. »Doch ich habe das nicht öffentlich gesagt.«

»Indem Sie das mittels Brief an die Abteilung Innere Angelegenheiten in Wittenberg geschrieben haben, *haben Sie das sehr wohl öffentlich gemacht.*«

»Das stimmt so nicht. Der Brief war nicht für die Öffentlichkeit bestimmt, sondern nur für die Abteilung Inneres. Wenn die das öffentlich gemacht haben, kann das nicht mir angelastet werden.«

Er beharrte jedoch auf seine Meinung, doch ich glaubte ihm kein Wort. »Öffentlich« hieß für mich, den normalen Bürger auf der Straße anzusprechen, auf Arbeit darüber zu reden oder es anderswie publik zu machen. Laut den Aussagen meines Gegenübers sah die DDR das anders.

* * *

Die ersten der nun folgenden Fragen, die hier nicht wiedergegeben werden, tippte der Vernehmer in ein Formular und behandelten die Feststellung meiner Personalien, der meiner Eltern, deren Beruf und Anschrift, meinen Familienstand, frühere Verurteilungen und andere Angaben zu meiner Person, wie beispielsweise monatlicher Verdienst, Vermögensverhältnisse und Zugehörigkeit zu irgendwelchen DDR-Massenorganisationen, wie den Pionieren[25], der FDJ, dem FDGB oder DRK.

Bei der Vernehmung wurden mir Fragen gestellt, die ich anschließend, so gut es ging, beantwortete. Danach faßte der Vernehmer meine Antworten für das Protokoll zusammen und brachte sie mittels Schreibmaschine zu Papier, weshalb die Antworten im Protokoll an einigen Stellen etwas holperig klingen.

---

[25] eine politische Massenorganisation für Kinder

Diese Vorgehensweise ist auch der Grund, warum meine Aussagen umfangreicher sind, als es zur Beantwortung der eigentlichen Frage notwendig gewesen wäre. Obwohl die Antworten im Protokoll Formulierungen des Vernehmers sind, wurden sie vom Inhalt her richtig wiedergegeben.

Halle, den 02.07.1987
Beginn: 08.00 Uhr
Ende: 10.45 Uhr
2 Exemplare

Bezirksverwaltung
für Staatssicherheit
Untersuchungsabteilung

Vernehmungsprotokoll
der/des Beschuldigten

Entsprechend § 105 StPO[iii] wurde mir eröffnet, daß gegen mich von Seiten der Organe des Ministeriums für Staatssicherheit wegen des dringenden Verdachts einer strafbaren Handlung nach § 220 Abs. 2 StGB ein Ermittlungsverfahren eingeleitet worden ist.

Ich wurde vom Untersuchungsorgan über die mir gemäß § 61[iv] und 91 StPO[v] zustehenden Rechte belehrt.

(meine Unterschrift)

<u>*Frage:*</u> *Im Zusammenhang mit dem gegen Sie eingeleiteten Ermittlungsverfahren werden Sie durch Verlesen der §§ 61 und 91 StPO über Ihre Rechte als Beschuldigter belehrt und davon in Kenntnis gesetzt, daß zusätzlich zum Protokoll gemäß § 106 StPO[vi] eine Schallaufzeichnung gefertigt wird. Haben Sie zur Belehrung Fragen?*

<u>*Antwort:*</u> *Ich habe keine Fragen.*

<u>*Frage:*</u> *Sie werden beschuldigt, Schriften mit die staatliche und gesellschaftliche Ordnung der DDR verächtlichmachenden Inhalt verbreitet zu*

haben. Sie erhalten hiermit Gelegenheit, sich im Zusammenhang zu der gegen Sie erhobenen Beschuldigung zu äußern!

Antwort: Ich habe lediglich meine Meinung gesagt. Ich möchte diesen Staat mit Hilfe der Ausreise nach der BRD verlassen und habe eine Begründung entsprechend meiner Meinung gegeben. Seit zirka 1976 besteht bei mir der Wunsch, die DDR nach der BRD zu verlassen. Zur Erreichung dieses Zieles habe ich 1976 und 1978 versucht, die DDR illegal nach der BRD zu verlassen und wurde deswegen zweimal zu Freiheitsstrafen verurteilt. Weil ich mit der Art und Weise der Staatsführung und mit den Gesetzen in der DDR nicht einverstanden bin, ich nicht frei reisen kann und mir auch die Versorgungslage mit allen Dingen bis hin zu Ersatzteilen unzureichend ist, möchte ich in diesem Staat nicht mehr leben. Ich möchte mir auch nicht mehr die ständige Verjubelung der Politik dieses Staates anhören, da diese Politik nicht meine Meinung vertritt. Ich möchte auch nicht mehr, daß Dinge in der DDR im Namen des Volkes ausgesagt werden, wo ich selbst nicht einverstanden bin. Aus diesen Gründen stellte ich 1978 oder 1979, genau weiß ich das nicht mehr, während meiner Strafverbüßung den Antrag auf Ausreise nach der BRD. Einige Zeit nach meiner Haftentlassung, zirka 1980, habe ich diesen Antrag zurückgezogen, weil ich es noch einmal versuchen wollte, in diesem Staat zu leben. Im Laufe der Jahre bin ich dann aber zur Erkenntnis gekommen, daß dieser Staat nicht mein Staat ist und ich hier nicht mehr leben kann und will.

Deshalb stellte ich am 01.03.1987 erneut einen Ausreiseantrag bei der Abteilung Inneres beim Rat des Kreises Wittenberg. In den bisher mit mir erfolgten Aussprachen wurde weder der Antrag abgelehnt noch genehmigt. Aufgrund dessen, und weil mich die Entscheidungen nicht befriedigten, stellte ich jeden Monat einen weiteren Ausreiseantrag an das genannte Organ und habe mich auch, ich glaube dreimal, deswegen an den Vorsitzenden des Staatsrates schriftlich gewandt. Immer ohne positiven Entscheid.

Mein Ziel ist es, die Ausreise nach der BRD zu erreichen und darauf sind alle meine Aktivitäten ausgerichtet.

Frage: *Dem Untersuchungsorgan des MfS liegt ein durch den Rat des Kreises Wittenberg am 11.06.1987 übergebenes Schreiben mit dem Datum vom 08.06.1987, gerichtet an den Rat des Kreises Wittenberg, Abteilung Inneres, mit die staatliche und gesellschaftliche Ordnung verächtlichmachenden Inhalt vor. Dieses Schreiben wird Ihnen vorgelegt. Nehmen Sie anhand dessen zum Inhalt Stellung!*

Antwort: *Das mir vorgelegte Schreiben habe ich am 08.06.1987 gefertigt und am gleichen Tag oder am Dienstag, dem 09.06.1987, an die Abteilung Inneres geschickt. Meiner Auffassung nach sagt der Inhalt alles aus, was ich damit zum Ausdruck bringen wollte. Als ich am 08.06.1987 von diesen Ereignissen in Berlin erfahren habe, war ich darüber entsetzt, daß der Staat mit solchen Mitteln vorgeht und das nichts mit dem Recht auf Freiheit des Einzelnen und der Presse- und Informationsfreiheit zu tun hat. Weil ich auch die Existenz der »Mauer« in Berlin ablehne, und diese für mich menschenverachtend ist, habe ich meinen Protest dazu in diesem Antrag dargelegt. Außer dem Protest wollte ich damit, und vor allem mit dem aktuellen Beispiel, erneut untermauern, daß ich mit diesem politischen System hier nicht einverstanden bin.*

Was den konkreten Inhalt des Schreibens betrifft, so möchte ich diesen nicht noch einmal wörtlich wiedergeben, da dieser im Wortlaut dem Schreiben zu entnehmen ist.

Frage: *Unter welchen Umständen entschlossen Sie sich, ein Schreiben mit die staatliche und gesellschaftliche Ordnung verächtlichmachenden Inhalt herzustellen und zu verbreiten?*

Antwort: *Am Pfingstmontag, dem 08.06.1987, erfuhr ich durch das Verfolgen der Nachrichtensendung »heute Nachrichten« des Zweiten Deutschen Fernsehens, daß die Polizei in Berlin gegen Jugendliche und Journalisten mit Gewalt vorgegangen ist. Daß sie gegen die Leute vorgegangen sind, die in unmittelbarer Nähe des Brandenburger Tors ein in Westberlin stattfindendes Konzert anhören wollten. Diese Berichterstattung habe ich im Laufe des Tages noch mehrmals im Fernsehen und auch in Radiosendungen der BRD verfolgt. Über das Eingreifen der Polizei der DDR war ich entsetzt und auch darüber, daß Reporter angegriffen wurden. Weil ich dieses Vorgehen nicht richtig finde, und dadurch einmal mehr in meiner das System der DDR ablehnenden Einstellung bestärkt wurde, entschloß ich mich, diese Einstellung in einem erneuten Antrag auf Ausreise zu bekunden. Vor allen Dingen war dieses Ereignis aktuell.*

Frage: Welchen Inhalt gaben Sie diesem Schreiben?

Antwort: Der von mir gewählte und von mir fixierte Inhalt ist dem mir vorgelegten Schreiben vom 08.06.1987 in vollem Wortlaut zu entnehmen. Deshalb erspare ich mir weitere Ausführungen zum Inhalt.

Frage: Unter welchen Umständen stellten sie dieses Schreiben her?

Antwort: Nachdem ich mir am Abend des 08.06.1987 gedanklich zurechtgelegt hatte, was ich schreibe, setzte ich mich zu Hause in dem von mir genutzten Zimmer der Wohnung meiner geschiedenen Ehefrau, ich bin seit 12.02.1987 geschieden, hin, und fertigte das Schreiben. Nach Erstellung des handschriftlich gefertigten Schreibens, welches ich mit meinem Namen unterschrieb, verschloß ich es in einem Briefumschlag und beschriftete diesen mit der Anschrift des Rates des Kreises Wittenberg, Abteilung Inneres. Hinzufügen muß ich noch, daß ich zuvor noch eine Abschrift fertigte. Deshalb, daß ich bei eventuellen Nach- bzw. Rückfragen nochmals den Inhalt nachlesen kann. Weitere Abschriften oder Durchschriften habe ich nicht gefertigt. Die Abschrift befindet sich in einer Mappe, welche im Wohnzimmerschrank meines Zimmers liegt. Von der Anfertigung und vom späteren Versand des Schreibens hat außer mir keine weitere Person Kenntnis. Das ist meine alleinige Sache, die niemanden etwas angeht.

Frage: Aus welchen Gründen gaben Sie diesem Schreiben den von Ihnen genannten und im Schreiben dargelegten Inhalt?

Antwort: Die Gründe dafür sind, daß ich mit den Polizeimaßnahmen der DDR am 08.06.1987 nicht einverstanden bin. Um meinen Protest und meine Ablehnung zu diesem Vorgehen in einer eindeutigen und verständlichen Form darzulegen, entschied ich mich, den Inhalt so abzufassen. Das Vorbringen des Protestes verband ich gleich damit, meinen Antrag auf Ausreise nach der BRD zu erneuern, um damit ein weiteres Mal zu begründen, warum ich den Staat verlassen will.

Frage: Was wollten Sie mit dem Inhalt dieses Schreibens vom 08.06.1987 zum Ausdruck bringen?

Antwort: Ich bin der Meinung, daß die DDR in dem von ihr beanspruchten Gebiet nicht die Menschen zum Leben und Arbeiten zwingen darf. Für mich ist das eine Beeinträchtigung der persönlichen Freiheit. Mit meinem Schreiben wollte ich deshalb zum Ausdruck bringen, daß das Eingreifen der Polizei gegen wehrlose Jugendliche und Reporter eine Verletzung des Rechts auf Freiheit und der journalistischen Tätigkeit ist. Die Mauer sehe ich dafür, daß die Reisefreiheit einiger Bürger eingeschränkt wird. Deshalb finden die Jugendlichen meine Zustimmung, die am 08.06.1987 gerufen und gefordert haben, daß die Mauer weg muß. Für mich ist sie menschenverachtend, weil sie verhindert, daß die Menschen der DDR ihr Recht auf Freiheit wahrnehmen können. Außer daß ich das zum Ausdruck bringen wollte, wollte ich damit zu verstehen geben, daß die DDR, die eine Mauer gebaut hat, sich nicht anmaßen darf, daß jeder die Meinung der Staatsführung zu akzeptieren habe.

Frage: Welches Ziel verfolgten Sie mit diesem Schreiben?

Antwort: Wie ich schon sagte, wollte ich damit meinen Protest gegenüber den Staatsmaßnahmen am 08.06.1987 in Berlin und den meiner Einstellung nach menschenverachtenden Charakter der Mauer in Berlin der Abteilung Inneres mitteilen. Das Schreiben diente auch dazu, um den Behörden der DDR nochmals verständlich zu machen, daß ich dieses System ablehne und nach der BRD übersiedeln will. Auf Grund der bisherigen Reaktionen der staatlichen Organe bin ich der Ansicht, daß diesen meine Gründe für die Ausreise noch nicht klar sind. Deshalb wollte ich mit diesem Schreiben und mit dem klaren Inhalt auf das Verständnis der Behörden für mein Anliegen hinwirken, in der Erwartung, daß das mit dazu beiträgt, daß mein Ausreiseantrag genehmigt wird.

Frage: Wie brachten Sie dieses Schreiben zur Verbreitung?

Antwort: Entweder am Abend des 08.06.1987 noch oder am 09.06.1987 habe ich dieses Schreiben bzw. den Brief in einem in der Nähe meines Wohnortes befindlichen Briefkasten eingeworfen.

Frage: Welche Reaktion erfolgte daraufhin von dem Adressaten?

Antwort: Bis auf heute erfolgte darauf keine Reaktion. Auch nicht, als ich vor zirka 14 Tagen zu einer Aussprache bei der Abteilung Inneres war, wo ich nochmals auf meinen Ausreiseantrag bestand und meine Gründe dafür darlegte.

In den bisher erfolgten Aussprachen wurde ich auch nicht über die Einhaltung der gesetzlichen Bestimmungen belehrt.

Frage: Welche weiteren Schreiben mit einem derartigen Inhalt brachten Sie zum Versand?

Antwort: Ich brachte keine weiteren als das vorliegende Schreiben zum Versand.

Frage: Ihnen wird mitgeteilt, daß das Ihnen vorgelegte Schreiben vom 08.06.1987, gerichtet an den Rat des Kreises, Abteilung Innere Angelegenheiten, und das von diesem Organ gefertigte Übergabeprotokoll, in dem gegen Sie eingeleiteten Ermittlungsverfahren als Beweismittel verwendet wird. Haben Sie dazu Fragen?

Antwort: Dazu habe ich keine Fragen.

Frage: Haben Sie Beweisanträge zu stellen?

Antwort: Im Moment habe ich keinen Beweisantrag zu stellen.

Frage: Möchten Sie etwas zu Ihrer Entlastung vorbringen?

Antwort: Als ich das geschrieben habe, habe ich das nicht als eine öffentliche Herabwürdigung gesehen, sondern als ein Vorbringen meiner Meinung zum Ereignis. Ich habe nur die Organe bzw. die Abteilung Inneres angeschrieben und mit keinem darüber gesprochen. Meine Meinung steht fest.

Protokollvermerk: Der Beschuldigte verzichtet auf die Wiedergabe der gefertigten Schallaufzeichnung. Während der Vernehmung wurde ihm ein Kännchen Bohnenkaffee gereicht, wovon er Gebrauch machte.

*Ich habe das Vernehmungsprotokoll selbst gelesen.
Es entspricht in allen Teilen meinen Aussagen.*

Meine Worte sind darin richtig wiedergegeben.
Das bestätige ich mit meiner Unterschrift.

(Unterschrift: Zahn)
Hauptmann

(Unterschrift: Michael Möhring)
Michael Möhring

Die Fragen des Protokolls sind eigentlich immer dieselben, nur in abgewandelter Form. Das, was zu sagen war, wäre eigentlich in fünf Minuten geklärt gewesen. All meine Beweggründe, warum ich die DDR verlassen wollte, waren der Abteilung Innere Angelegenheiten, und damit auch dem MfS, bekannt. Die wirklichen Gründe, warum ich die DDR verlassen wollte, kamen kaum zur Sprache. Statt dessen wurde mit der Polizeimaßnahme am 8. Juni 1987 in Ost-Berlin ein Thema aufgebaut und zum Gegenstand meines Ausreisewillens gemacht.

Mir war es egal, was für Gründe das MfS für meinen Ausreisewillen annahm. Wichtig war mir nur, was für mich letztendlich dabei herauskam. Der 35jährige Häftling, den ich vor meiner ersten Verurteilung in der Untersuchungshaftanstalt Stendal kennenlernte, sagte mir einmal, er würde auch einen »Jagdschein«, also einen amtlichen Nachweis, daß er verrückt ist, akzeptieren, wenn ihm das seine Entlassung bringen würde. Er wisse ja, daß er nicht verrückt ist, und was andere über ihn denken, sei ihm egal.

Viel anders dachte ich auch nicht. Sollte es meiner Sache dienen, hätte ich als Grund für meinen Ausreisewillen auch angegeben, ich hätte gehört, die Farbe Grün würde in Westdeutschland weniger vorkommen als in der DDR, und weil grün nicht gerade meine Lieblingsfarbe ist, will ich auswandern. Hauptsache, sie ließen mich endlich ziehen.

Die Abteilung Inneres gab bei der Ablehnung meines Antrags oft Bedenken vor, ich könnte im Westen untergehen. Doch diese vorgebliche Sorge war an Heuchelei kaum zu überbieten. Denn wer mich ohne Mitleid in der Blüte meines Lebens für mehrere Jahre ins Gefängnis steckt, ohne daß ich irgend jemandem ein Leid zugefügt hätte, wer es als menschlich richtig empfand, mich, weil ich die Zwangsarbeit im Gefängnis verweigerte, über mehrere Monate in ein Kellerloch zu werfen, konnte nicht wirklich um meinen zukünftigen Lebensweg in der Bundesrepublik Deutschland besorgt sein.

Leider fehlte es mir damals an Erfahrung, der Staatsmacht derartige Gründe entgegenzuhalten. Ich bereue es bis heute, daß ich in der Hufeland-Klinik nicht über das sprach, was ich während meiner Haft erleiden mußte. Das wäre wirkungsvoller gewesen als meine Ausreiseanträge und man hätte sich womöglich bemüht, mich so schnell wie möglich abzuschieben.

Leider ist man immer erst hinterher schlauer.

Bis zum Ende der fast dreistündigen Vernehmung glaubte ich fest an eine letzte Schikane des Staatsapparates, die mich einzuschüchtern und zur Rücknahme des Ausreiseantrages bewegen sollte. Noch immer nahm ich an, nach der Vernehmung wieder nach Hause fahren zu können, oder die Ausreise würde zumindest unmittelbar bevorstehen. Das MfS konnte mich ja kaum wegen der beiden Wörter »menschenverachtende Mauer« einsperren.

Nach der Vernehmung blieb ich allein im Raum sitzen. Diesmal stand kein Aufpasser hinter mir. Als der Hauptmann wieder das Zimmer betrat, teilte er mir mit, ich sei vorläufig festgenommen.

Halle, den 02.07.1987

P r o t o k o l l

Dem Beschuldigten

M ö h r i n g, Michael
geb. am 8.12.1958 in Wittenberg Lutherstadt
wh.: 4600 Wittenberg, Dr.-Richard-Sorge-Straße 32

wurde am heutigen Tage gegen 11.15 Uhr mitgeteilt, daß er durch das Untersuchungsorgan des Ministeriums für Staatssicherheit gemäß § 125

Abs. 2 StPO[vii] vorläufig festgenommen ist, da die Voraussetzungen eines Haftbefehls vorliegen.

(Unterschrift: Michael Möhring)
Michael Möhring

(Unterschrift: Zahn)
Hauptmann

Mir wurde das nachfolgende Protokoll vorgelegt, welches ich lesen und unterschreiben sollte. Im Anschluß daran mußte ich eine Erklärung schreiben, welche regelte, wer in der Zeit meiner Inhaftierung meinen persönlichen Besitz verwaltet.

Halle, 02.07.1987

P r o t o k o l l

Der/die Beschuldigte

Möhring, Michael
geb. am 8.12.1958 in Wittenberg

wurde am heutigen Tage gemäß § 129 StPO[viii] und § 2 Abs. 1 der Haftfürsorgeverordnung über seine sich aus dieser Verordnung ergebenen Rechte und Pflichten belehrt. Zu diesem Zwecke wurde dem/der Beschuldigten der § 1 der Haftfürsorgeverordnung wie folgt vorgelesen:

§ 1

Der Beschuldigte, durch dessen Verhaftung eine minderjährige oder pflegebedürftige erwachsene Person ohne Aufsicht oder Betreuung bleiben würden, hat das Recht, die zur Gewährleistung der Fürsorge für diese Person notwendigen Entscheidungen zu treffen. Entsprechendes gilt, wenn infolge der Verhaftung Maßnahmen zum Schutz seiner Wohnung und seines Vermögens erforderlich sind.

Der Beschuldigte hat ihm mögliche Fürsorge- und Schutzmaßnahmen selbst durchzuführen oder zu veranlassen. Er kann hierzu die Hilfe eines Rechtsanwalts in Anspruch nehmen. Die Untersuchungsorgane haben ihn bei der Durchführung und Veranlassung von notwendigen Fürsorge- und Schutzmaßnahmen zu unterstützen.

Dem Beschuldigten ist Gelegenheit zu geben, zur Wahrnehmung seiner Rechte und zur Erfüllung seiner Pflichten mit einem Rechtsanwalt sowie mit staatlichen Organen und Einrichtungen, Betrieben, Genossenschaften, gesellschaftlichen Organisationen und Bürgern schriftlich und mündlich in Verbindung zu treten, soweit dadurch der Untersuchungszweck nicht gefährdet wird.

Der/die Beschuldigte hat sich dazu selbst schriftlich erklärt.

(Unterschrift: Zahn)
- Untersuchungsführer –

(Unterschrift: Michael Möhring)
Beschuldigter

Dazu gab ich folgende Erklärung ab:

Erklärung

Ich bitte darum, daß sämtliche Unterlagen und Gegenstände aus meinem Zimmer meiner geschiedenen Ehefrau, Martina Möhring, zur Verwahrung übergeben werden.

Ich bitte darum, mit meiner geschiedenen Frau in Verbindung treten zu dürfen.

(Unterschrift: Michael Möhring)

Nach der Scheidung überließ ich den größten Teil unserer gemeinsamen Habseligkeiten meiner geschiedenen Frau und behielt nur das, was ich unbedingt zum Leben benötigte. In den Westen konnte ich ohnehin nur das mitnehmen, was ich tragen konnte. All diese Dinge hatte ich mit meiner geschiedenen Frau bereits kurz nach meiner ersten Antragstellung auf Übersiedlung geklärt.

Nachdem die Vernehmung in allen Punkten erledigt war, brachte mich ein uniformierter Beamter der Staatssicherheit in das Untersuchungsgefängnis des Hauses.

Bis zu diesem Zeitpunkt war mir nicht bekannt, daß dem MfS eine eigene Untersuchungshaftanstalt gehörte und ging davon aus, nun zu normalen Kriminellen in eine Zelle gesteckt zu werden. Doch das Gebäude glich auf dem ersten Blick nicht einer normalen Untersuchungshaftanstalt. Es war auffallend ruhig, und kaum ein Gefangener oder Wärter war zu sehen.

Halle, 02.07.1987

Ministerrat
der Deutschen Demokratischen Republik
Ministerium für Staatssicherheit

Einlieferungsanzeige

Am 02.07.1987 wurde gegen 11.15 Uhr in Halle wegen des dringenden Tatverdachts der öffentlichen Herabwürdigung

vorläufig festgenommen

und am 02.07.1987 in der UHA[26] *Halle, Am Kirchtor 20a eingeliefert.*

[es folgen Namen und Daten von mir]

Die Vorführung erfolgte am 02.07.1987 durch Unterleutnant Barth.

---

[26] Untersuchungshaftanstalt

An den Staatsanwalt *des Bezirkes Halle, Abteilung IA*[27]

Es wird gebeten

Erlaß richterlichen Haftbefehls gegen den Beschuldigten zu beantragen.

Gemäß §§ 108[ix]*, 109 StPO*[x] *die Durchsuchung der Wohn- und Nebenräume des Beschuldigten und die Beschlagnahme aller Gegenstände, die für die Untersuchung von Bedeutung sind, anzuordnen.*

Gründe (einschl. verletzte Strafrechtsnormen und Begründung für die Notwendigkeit der Untersuchungshaft gemäß der StPO):

MÖHRING ist dringend verdächtig, eine Schrift mit die staatliche und gesellschaftliche Ordnung verächtlich machendem Inhalt verbreitet zu haben, indem er mit Datum vom 08.06.1987 ein von ihm gefertigtes handschriftliches Schreiben im Umfang von 1 Blatt Format A4 an den Rat des Kreises Wittenberg, Abteilung Innere Angelegenheiten, auf dem Postwege verbreitete, worin er die Maßnahmen zum Schutze der Staatsgrenze der DDR zu Berlin (West) verächtlich macht.

strafbar gemäß: *§ 220 Abs. 2 StGB*

Die Voraussetzungen für die Anordnung der Untersuchungshaft sind gemäß § 122 Abs. 1 Ziff. 4 StPO[xi] *gegeben, da dringende Verdachtsgründe vorliegen und die Tat, die den Gegenstand des Verfahrens bildet, mit Haftstrafe bedroht und eine Strafe mit Freiheitsentzug zu erwarten ist. Die Anordnung der Untersuchungshaft ist gemäß § 123 StPO*[xii] *für die Durchführung des Verfahrens notwendig und unumgänglich.*

Als Beweismittel werden beigefügt:

Beschuldigtenvernehmung MÖHRING, Michael vom 02.07.1987
Schreiben mit Datum vom 08.06.1987, gerichtet an den Rat des Kreises Wittenberg, Abteilung Innere Angelegenheiten
Übergabeprotokoll des Rat des Kreises Wittenberg, Abteilung Innere Angelegenheiten, vom 11.06.1987

---

[27] Innere Angelegenheiten

Eine sofortige Benachrichtigung der Angehörigen und des Betriebes kann vorgenommen werden.

Bestätigt:
(Unterschrift: Stenker)
Oberstleutnant

(Unterschrift: Zahn)
Hauptmann

Zuerst ging es zur Effektenkammer, wo ich mich nackt ausziehen mußte. Meine Kleidung und alle Gegenstände, die ich bei mir trug, wurden sorgfältig durchsucht und aufgelistet.

Ich bekam Anstaltskleidung, denn ohne Gürtel ließ sich meine Hose nicht tragen, und für meine leichte Sommerkleidung waren die Zellen mit ihren kahlen Wänden aus Stein in den Morgen- und Abendstunden zu kalt. Anschließend wurde ich fotografiert und die Fingerabdrücke wurden mir abgenommen.

Halle, den 02.07.1987

Ministerrat
Der Deutschen Demokratischen Republik
Ministerium für Staatssicherheit
Untersuchungshaftanstalt

Effektenaufstellung

Von dem Beschuldigten M ö h r i n g, Michael, geb. am 08.12.1958, wurden bei seiner Einlieferung in die Haftanstalt folgende Effekten in Verwahrung genommen:

Genaue Beschreibung der Gegenstände und Bekleidung

1 Jeanshose blau lang mit Ledergürtel

1 Hemdpullover kurzer Arm blau
1 Paar Socken grau
1 Taschentuch
1 Slip weiß
1 Paar Sandalen braun
1 PA[28] *der DDR Nr. J 1763355*

(Unterschrift eines Mitarbeiters der Haftanstalt, meine Unterschrift)

Halle, den 02.07.1987

Ministerrat
Der Deutschen Demokratischen Republik
Ministerium für Staatssicherheit
Untersuchungshaftanstalt Halle Saale

Wertsachenaufstellung

Dem Beschuldigten Möhring, Michael, geb. am 08.12.1958, wurden bei seiner Einlieferung in die Untersuchungshaftanstalt folgende Wertsachen und Geldmittel in Verwahrung genommen:

Genaue Bezeichnung der Sache

1 Herrenquarzuhr Ruhla mit weißem Metallarmband
1 Kette gelbes Metall Länge 46 cm

(Unterschrift eines Mitarbeiters der Haftanstalt, meine Unterschrift)

---

[28] Personalausweis

Halle, 02.07.1987

UHA Halle
Am Kirchtor 20a

<u>Erklärung</u>

Hiermit erkläre ich mich bereit/nicht bereit, anstaltseigene Kleidung zu tragen.

(meine Unterschrift)

Folgende Effekten wurden heute durch mich empfangen:

1 Trainingsanzug
1x Bettwäsche
1 Paar Socken
1 Paar Hausschuhe
1 Paar feste Schuhe
~~*1 Pullover*~~
~~*1 Paar Stiefel*~~
3 Decken
1 Bettbezug
1 Kopfkissen
1 Bettlaken
1 Nachthemd
~~*1 Schlafanzug*~~
~~*1 Bluse*~~
2 Handtücher
2 Waschlappen
1 Taschentuch
1 Geschirrtuch
1 Plasteschüssel
1 Tasse
1 Zahnputzbecher
1x Seife
1 Kamm

1 Zahnbürste
1x Zahnpasta
1 Plaste-Teller
1 Kompott-Schälchen (Plaste)

Ich versichere, daß ich alle erhaltenen Effekten ordentlich behandeln werde.

(Unterschrift: Michael Möhring)

Die Zelle, in die ich schließlich gebracht wurde, war klein und dunkel, hatte ein verblendetes Fenster, ein Bett, einen an der Wand angeschraubten Tisch, einen Holzhocker, Toilette und Waschbecken. Trotz meiner leisen Hoffnung, es würde sich am Ende alles als Schikane erweisen, stand ich unter Schock.

Ich setzte mich auf den Hocker und versuchte, meine Situation zu begreifen. War es der Fluch, als ich mich mit der Fahrt nach Torgau wieder zum Gefängnis umdrehte? Oder war alles nur ein Bluff der Behörden? Das hatte nicht den Anschein. Am meisten bedrückte mich die Tatsache, möglicherweise die ganze deprimierende Zeit, die ich viele Jahre zuvor durchleben mußte, und von der ich im Dezember 1979 hoffte, sie sei für immer vorbei, noch einmal erleiden zu müssen.

Wieder war ich in Einzelhaft. Doch warum legte mich das MfS nicht mit anderen Häftlingen zusammen? Läuft es doch auf eine Abschiebung hinaus?

Alle paar Minuten sah ein Wärter durch den Spion. Ich reagierte darauf bewußt nicht. Diese Leute sollten keinerlei Gefühlsregungen bei mir feststellen können. Nie und nimmer wollte ich ihnen einen Grund geben, sich an meiner Situation zu ergötzen.

Weiter grübelte ich über meine Situation nach, und immer wieder kam ich zu dem Schluß, alles würde nur Einschüchterung sein. Man würde mich sicher nicht wegen der beiden Worte »menschenverachtende Mauer«

ins Gefängnis stecken. Bestenfalls könnte mir das eine Geldstrafe einbringen.

Damals, 1976 und 1979, war bei meiner Republikflucht ein Grund für eine Untersuchungshaft vorhanden, denn es bestand Fluchtgefahr und eine Gefängnisstrafe war so gut wie sicher. Da war es nachvollziehbar, daß man mich erst einmal wegsperrte. Aber wegen zwei Worte?

Sicher nicht.

Vielleicht morgen, vielleicht auch erst am Wochenende, bin ich entweder abgeschoben oder wieder zu Hause, da war ich mir sicher.

Doch was ist, wenn sich die Angelegenheit in die Länge zieht? Am Montag hatte ich wieder Dienst, und spätestens dann würden die Kollegen von meiner Inhaftierung erfahren. Das wäre mir mehr als unangenehm. Doch es war erst Donnerstag, und wer weiß, wie morgen die Situation aussieht.

Dieser Gedanke beruhigte mich etwas.

Halle, 02.07.1987

Bezirksverwaltung
für Staatssicherheit
Untersuchungsabteilung

Verfügung

Gemäß § 98[xiii] *der Strafprozeßordnung wird gegen den*

Möhring, Michael
[...]

aus den unten angeführten Gründen die Einleitung eines Ermittlungsverfahrens angeordnet.

Gründe:

[dem Leser bekannt]

(Unterschrift)
Leiter des Untersuchungsorgans

Den Untersuchungsvorgang zur Bearbeitung übernommen:

Halle, den 02.07.1987
(Unterschrift)
Zahn
Hauptmann

Den Untersuchungsvorgang zur Bearbeitung übernommen:
Halle, den 13.07.1987
(Unterschrift)
Müller
Oberleutnant

In Untersuchungshaft der Staatssicherheit

Es gab gewisse Unterschiede zwischen der Untersuchungshaft der Staatssicherheit und der für normale Kriminelle. So waren Gefangene beim MfS gewöhnlich die erste Woche in Einzelhaft. Der Freigang erfolgte zellenweise in kleinen abgegrenzten Käfigen mit hohen Mauern. Ein Kontakt mit anderen Gefangenen war ausgeschlossen. Auch versuchte kein Gefangener, mit einer anderen Zelle Kontakt aufzunehmen. Im gesamten Gebäude war es sehr ruhig.

In den Zellen lagen bis zu drei Personen. Größere Zellen sind mir nicht bekannt. Die Behandlung der Gefangenen war etwas besser als in Untersuchungshaftanstalten für normale Kriminelle.

Es gab keinen Rasierzwang, und wurden dem Gefangenen in der normalen Untersuchungshaft unmittelbar nach der Inhaftierung die Haare kurzgeschoren, egal, ob sich später vielleicht seine Unschuld herausstellte, so war es den Wärtern des MfS egal, wie lang die Haare des Inhaftierten waren.

Da ich in Einzelhaft war, ging ich allein zur Freistunde. Andere Gefangene sah ich nicht, noch hörte ich sie. Fast hätte ich geglaubt, ich wäre der einzige Gefangene im Haus, wenn nicht vereinzelt Wärter durch Spione in die Zellen sahen oder Türen verschlossen. Trotzdem hatte es den Anschein, daß die Haftanstalt nicht voll belegt war.

Wittenberg, 2. Juli 1987
13.00 – 14.30 Uhr

Durchsuchungs- und Beschlagnahmeprotokoll

Auf Anordnung des Staatsanwaltes des Bezirkes Halle wurden die Wohnräume des

Möhring, Michael,
[...]

durchsucht, um Gegenstände und Unterlagen, die als Beweismittel von Bedeutung sein könnten oder nach den Strafgesetzen der Einziehung unterliegen, zu beschlagnahmen oder sicherzustellen.

Der Staatsanwalt war zugegen.

Das Protokoll umfaßt 3 Blatt, 37 Posten

Es wurden beschlagnahmt und in Verwahrung genommen:

1 SV[29]-Ausweis auf den Namen Möhring, Michael
1 Wehrdienstausweis Nr. 75/0537788 mit Kennmarke
1 Führerschein Nr. J 0447400 mit Berechtigungsschein Nr. J 1173604 auf den Namen Möhring, Michael
1 Programmheft Petersbergtreffen 24.05.1987

---

[29] Sozialversicherung

1 Taschenkalender 1987 mit handschriftlichen Einzeichnungen
1 Zeugnisabschrift vom 24.08.1976
1 Briefumschlag mit Inhalt vom 18.08.1986 Az. V 395/86
1 Broschüre »ABC Team« Neukirchen-Vluyn
1 Spielererlaubnis Nr. 150 vom 20.04.1983
1 Brief mit Inhalt vom 16.06.1987 an M. Möhring, Absender: K. Schulze, Abtsdorf
1 Brief mit Inhalt vom 11.02.1987 an M. Möhring, Absender: Jens Peter
4 Briefe mit Inhalt an M. Möhring, Absender: J. Pieschmann/Rechtsanwalt
1 Brief mit Inhalt an M. Möhring vom 28.01.1987, Absender: S. Heinrichs
2 Kopfbögen »Hufeland-Klinik« vom 20.04.1987/01.04.1987
1 Änderungsvertrag vom 02.12.1985
1 Heft mit hartem Einband liniert mit handschriftlichen Aufzeichnungen/englisch
1 Briefumschlag mit Inhalt vom 09.04.1987, Bescheinigung auf den Namen Peter, Jens, StVE[30] Thale
3 Blatt A4 weiß vom 20.07.1964 Reg.-Nr. 20/64 Vertrag über die Annahme an Kindes Statt
1 Blatt Kopfbogen A4 Staatliches Notariat Wittenberg UR 75/64
2 Kopfbögen Rat des Kreises Wittenberg vom 25.06.1987 / Staatsrat der DDR vom 11.06.1987
2 Wohnungsanträge auf den Namen M. Möhring
1 Durchschlag A5 masch.-beschreiben vom 12.03.1987 Betr. Bescheinigung
1 Briefblatt vom 14.04.1987 handschriftlich
1 Briefumschlag A5 mit Inhalt vom 18.06.1987 an M. Möhring, Absender: B. Böttcher
1 Brief mit Inhalt an M. Möhring, Absender: Manuela Mey
3 verschiedene Zettel mit Adressen
1 kleiner Zettel Durchschlag masch.-beschrieben, beginnend »Willenserklärung: Nach der Katastrophe...«
1 Quittung Nr. 002393 VEB DLB Goldschmiede vom 18.06.
1 Postkarte mit Adressen, handschriftlich

---

30 Strafvollzugseinrichtung

1 Broschüre »Wozu Gott?«
1 Blatt A4 kleinkariert handschriftlich DLB Anzeige 8469
2 Blatt A4 weiß masch.-beschrieben, Betr.: Erklärung/Bestätigung
1 Blatt A4 kleinkariert handschriftlich beginnend: »Laß mich nicht...«
3 Blatt A4 liniert handschriftlich beginnend: »Abschrift vom Merkblatt für ...«
2 Postkarten Rat des Kreises vom 21.04./12.05.1987
2 Blatt A4 liniert handschriftlich betr.: »KSZE[31]-Schlußakte, allgemeine Erklärung der Menschenrechte«
10 Blatt A4 kleinkariert handschriftlich mit Stempelaufdruck M. Möhring an den Rat des Kreises, Staatsrat der DDR, Rat des Bezirkes Halle vom 01.03./01.04./26.04./01.05./13.05./01.06./08.06./22.06./01.07.1987
Posten 1. - 37. befand sich im Zimmer des Beschuldigten Michael Möhring

Staatsanwalt des Bezirkes Halle, den 02.07.1987

Beschluß

Die Durchsuchung/Beschlagnahme vom 02.07.1987 wird gem. § 121 StPO[xiv] richterlich bestätigt.

Gründe: Sie war sachlich berechtigt. Die Art und Weise der Durchführung entsprach dem Gesetz.

Gegen den Beschluß ist das Rechtsmittel der Beschwerde zulässig. Diese ist innerhalb einer Woche nach Zustellung dieses Beschlusses bei dem unterzeichneten Gericht zu Protokoll der Rechtsantragsstelle oder schriftlich durch den Betroffenen oder einen Rechtsanwalt einzulegen.

Halle, den 3.7.87
Kreisgericht
(Unterschrift des Richters)

[31] Konferenz über Sicherheit und Zusammenarbeit in Europa

(Unterschrift des Staatsanwalts)

(Unterschrift meiner geschiedenen Frau)

Gemäß § 91 StPO bin ich über das Beschwerderecht belehrt worden.

Zur Kenntnis erhalten am 30.07.1987
(meine Unterschrift)

Bei der Wohnungsdurchsuchung fanden die Ermittlungsbehörden verschiedene Schriftstücke, unter anderem einen Brief mit Informationsmaterial von einem Bernd Böttcher. Es wäre besser gewesen, das MfS hätte dieses Schreiben nicht gefunden. Da ich jedoch nicht von einer Verhaftung ausging, vernichtete ich dieses Material nicht, als ich es nicht mehr benötigte.

Der Fund dieser Schriftstücke sollte weitere Vernehmungen nach sich ziehen.

Wittenberg, 2. Juli 1987

15.00 – 15.30 Uhr

Durchsuchungs- und Beschlagnahmeprotokoll

Auf Anordnung des Staatsanwaltes des Bezirkes Halle wurden die Diensträume des

Möhring, Michael, geb. 8.12.1958
4600 Wittenberg, Hufeland-Klinik, Puschkinstraße 7

durchsucht, um Gegenstände und Unterlagen, die als Beweismittel von Bedeutung sein könnten oder nach den Strafgesetzen der Einziehung unterliegen, zu beschlagnahmen oder sicherzustellen.

Der Staatsanwalt war zugegen.

Das Protokoll umfaßt 2 Blatt.

Bei der durchgeführten Arbeitsplatzdurchsuchung

des Möhring, Michael
[...]
beschäftigt: Hufeland-Klinik, med. Hilfskraft für chronische Erkrankungen

wurden keine Unterlagen oder Gegenstände gefunden, die als Beweismittel dienen könnten bzw. der Beschlagnahme unterliegen.

[es folgen die gleichen Paragraphen und Belehrungen wie bei Hausdurchsuchung]

Halle, den 03.07.1987
Kreisgericht (Unterschrift des Richters)

(Unterschrift der Stationsschwester) *Christa Richter*

Gemäß § 91 StPO bin ich über das Beschwerderecht belehrt worden.

Zur Kenntnis erhalten am 30.07.87 (meine Unterschrift)

Vorverurteilung der Kolleginnen

Noch am Tag meiner Verhaftung gab die Hufeland-Klinik eine Beurteilung über mich ab, die zwar allgemein positiv ausfiel, jedoch das typische Verhalten von Kollektiven in der DDR widerspiegelte, wenn diese zur Meinung politisch nicht korrekt denkender Kollegen befragt wurden. Nicht selten war das Kollektiv »entsetzt«, »enttäuscht«, oder es wurde ein »Leistungseinbruch« seit der »Wandlung« des Arbeitskollegen festgestellt. *Immer* distanzierte sich das Kollektiv mit dem Andersdenkenden und nicht selten kam es vor, daß eine weitere Zusammenarbeit abgelehnt wurde.

46 Wittenberg Lutherstadt, den 02.07.1987

Rat des Kreises Wittenberg
Abt. Gesundheits- und Sozialwesen
Hufeland-Klinik

Beurteilung

Kollege Michael M ö h r i n g, geb. 08.12.1958, wohnhaft 4600 Lutherstadt Wittenberg, Dr.-Richard-Sorge-Straße 32, arbeitet seit dem 20.02.1985 als pflegerische Hilfskraft bei chronisch kranken Patienten in der Hufeland-Klinik Wittenberg. Das beinhaltet schwere körperliche Arbeit und erhebliche psychische Belastungen.

Im Gespräch erfuhren wir von seinen häufigen Arbeitsplatzwechseln. So hatten die Kollegen anfangs Bedenken, ob er der geeignete Mitarbeiter für die Betreuung älterer Menschen ist. Auf Grund früherer negativer Erfahrungen mit ungeeigneten Mitarbeitern setzte gleich eine kritische Beobachtung und vorsichtige Hilfestellung an Kollegen Möhring ein, in der Hoffnung, daß sich in einem stabilen Kollektiv eine positive Persönlichkeitsentwicklung vollzieht.

Er erkannte, daß bei uns nur Offenheit und Leistung zählen, und schaffte es damit, voll ins Kollektiv integriert zu werden.

Neben seiner berufspraktischen Tätigkeit zeigte er großes Interesse an der theoretischen Information über das medizinische Gebiet, vor allem über psychologische Probleme alter Menschen. Dieses Lernen war bei ihm nichts Sporadisches, er setzte kontinuierlich das Selbststudium fort.

Während Brigadefeiern nahm er nur kleine Mengen Alkohol zu sich. Einen Anhaltspunkt für privaten übermäßigen Alkoholgenuß hatten wir nicht. Kollege Möhring begann pünktlich und nüchtern seinen Dienst und war für Vertretungen stets einsatzbereit.

Seine Arbeit verrichtete er vor der Ehescheidung mit viel Umsicht, interessiert und zuverlässig.

Das veranlaßte uns, ihm die Qualifizierung zum Krankenpfleger an der Medizinischen Fachschule in Dessau vorzuschlagen. Mit dem nötigen Schritt, dafür den Abschluß der 10. Klasse nachzuholen, war er einverstanden.

Auf Grund der festen und guten Stellung, die er sich im Kollektiv erarbeitet hatte, war jeder bereit, die Dienständerungen, die sich mit dem Besuch der Volkshochschule ergaben, abzufangen.

Während der Zeit der Ehescheidung litt er sehr unter diesem Zustand. Im Kollektiv wurde ihm Verständnis für diese Ausnahmesituation entgegengebracht, obwohl er hier erstmals zeigte, daß er extrem schnell überschießend reagieren kann. Er reagierte teilweise verbal aggressiv auf Hinweise zur selbstkritischen Beobachtung.

Kollege Möhring war sehr belastet durch die nach der Scheidung ungeklärten Wohnverhältnisse. Er erzählte, daß er das Zusammenleben mit seiner geschiedenen Frau als belastend empfindet. Nach Rücksprache mit einem Betriebsvertreter der Arbeitsstelle der Ehefrau sprachen wir mit Kollegen Möhring, daß seine Frau unbedingt das Wohnrecht in der gemeinsamen Wohnung hat. Er war auch bereit, seine privaten Angelegenheiten zu ordnen.

Der nach der Scheidung vollzogene Leistungsknick sollte wieder abgefangen werden. In diese Zeit fiel das Einreichen des Übersiedlungsantrages in die BRD. Kollege Möhring war zwar nach wie vor einsatzbereit, höflich und zuverlässig, hat allerdings sein früheres Leistungsniveau nicht wieder erreicht.

Die Schwestern waren der Ansicht, einen bisher unbeständigen Menschen in ihrem Kollektiv Halt gegeben zu haben. Das Bekanntwerden des Ausreiseantrages löste deshalb bei ihnen Unverständnis aus.

Sie diskutierten zwar mit Kollegen Möhring über seine Perspektivlosigkeit, beschränkten sich dabei aber immer darauf, ihre Meinung zu sagen und die Ansichten des Kollegen zu akzeptieren, damit er sich nie genötigt sah, sich in einer Außenseiterrolle zu fühlen.

(Unterschrift) *Ullrich*
- Chefärztin -
der Abteilung

(Unterschrift) *Richter*
- Stationsschwester –

gelesen am 17.07.1987

(Unterschrift)
Michael Möhring

Eine offizielle und eine private Meinung

Wieder einmal wurde ein Arbeitskollektiv aufgezeigt, welches voll hinter dem politischen System der DDR stand. Ich war der einzige Abweichler, der nicht einsehen wollte, wie vorteilhaft ein Leben im Sozialismus war. Dabei waren die Schwestern durchaus nicht so politisch gradlinig, wie das in der Beurteilung zum Ausdruck kommt. Wie beeilte sich der Spätdienst, mit der Arbeit fertig zu werden, wenn abends die Sendung *Dallas* im Westfernsehen lief! Sogar die Nachtwache kam deshalb früher zum Dienst und sah sich zusammen mit dem Spätdienst diese Serie im Speisesaal der Klinik an. Im Radio des Schwesternzimmers lief der RIAS oder NDR 2. Niemals ein Radiosender der DDR.

Doch offiziell wurde ich als Abweichler angesehen, den man »betreuen«, und dem die Perspektivlosigkeit in der BRD aufgezeigt werden mußte. Wie paßte das zusammen? Was hatten die Arbeitskollegen damit zu tun, wie jemand sein Leben einrichtet? Welche Anmaßung doch dahinter steckt! Selbstverständlich kann man diese oder jene Ansicht von seinem Kollegen haben. Doch wenn er kündigt, in einen anderen Ort zieht oder das Land verläßt – all das geht Arbeitskollegen rein gar nichts an.

Nur in der DDR sah man das anders. Hier wurden die Kollegen mehr oder weniger gezwungen, einen Standpunkt zu den privaten Handlungen ihres Arbeitskollegen öffentlich kundzutun. Tat man das nicht, war man verdächtig. Also machte man notgedrungen mit.

In der Hufeland-Klinik kursierte eine kaum lesbare Kopie des Buches *Interviews mit Sterbenden* von Elisabeth Kübler-Ross. In der DDR war dieses Buch von offizieller Seite her geächtet und somit nicht erhältlich. Diese Kopie war sehr beliebt und wurde nur unter der Hand weitergereicht. Das Kollektiv war also keineswegs meinungsmäßig nur auf den Sozialismus abgestimmt. Es wurde nur nach außen hin der Anschein erweckt.

Der einzige Unterschied zwischen meinen Kollegen und mir war, daß ich offen über meine Interessen bezüglich Westdeutschlands sprach, während sie nur still hofften, eines Tages auch einmal die Genehmigung für eine Reise in den Westen zu bekommen.

Halle, 02.07.1987

Aktenvermerk

Am heutigen Tage erhält der Beschuldigte

MÖHRING, Michael
geb. am 08.12.1958 in Wittenberg

Rauch-, Lese- und Einkaufsgenehmigung.

Schreiberlaubnis wird ihm mit seiner geschiedenen Ehefrau, Martina MÖHRING, wohnhaft.: dto, erteilt.

(Unterschrift) *Zahn*
Hptm.

Die Unruhe des nächsten Tages

Den nächsten Morgen, es war ein Freitag, war ich schon sehr früh wach. In der Nacht hatte ich kaum geschlafen, trotzdem war ich viel zu aufgeregt, als daß ich hätte müde sein können. Inständig hoffte ich, nach Hause gehen zu dürfen, denn für mich war die ganze Anschuldigung immer noch eine Lappalie.

Nachdem mir Kalfaktoren das Frühstück gebracht hatten, das aus zwei mit Marmelade bestrichenen Graubroten und einen Becher Ersatzkaffee bestand, wartete ich ungeduldig auf eine Reaktion des MfS. Es konnte nicht mehr lange dauern, bis der Arbeitstag der Ermittler begann.

Die nächste Stunde verging, doch nichts geschah. Das Frühstücksgeschirr hatten die Kalfaktoren zwischenzeitlich wieder herausgeholt. Aufgeregt ging ich in der Zelle hin und her, doch es verstrich wieder Stunde um Stunde, ohne daß sich die Zellentür öffnete. Selbst nach dem Mittagessen stellte sich draußen auf dem Flur schnell wieder Ruhe ein.

Nichts geschah.

Ich unterließ es, bei den Wärtern nachzufragen, denn wahrscheinlich hätte ich ohnehin keine Antwort bekommen.

Zwei oder drei weitere Stunden später hörte ich Schritte auf meine Zelle zukommen und der Schlüssel wurde in die Zellentür gesteckt. *»Es geht los«*, sagte ich leise zu mir.

»Möhring, rauskommen!« waren die Worte, auf die ich seit Stunden gewartet hatte. Ein Wärter führte mich quer durch das gesamte Untersuchungsgefängnis. Immer wieder schloß er auf dem Flur Türen auf, ließ mich zuerst hindurchgehen und verschloß sie hinter sich wieder. Hin und wieder sah ich einen anderen Häftling. Entweder waren sie mit Botengängen beschäftigt oder wischten im Gebäude den Fußboden. Sie suchten zu mir weder den Blickkontakt, noch machten sie irgendwelche anderen Anstalten, mit mir in Kontakt zu treten. Sie schienen sich ganz auf ihre Arbeit zu konzentrieren. Auffallend war jedoch die Leere auf den Fluren. In anderen Untersuchungshaftanstalten waren mehr Wärter zu sehen. Auch war es dort lauter. Hier war alles sehr ruhig.

03.07.1987

Der Staatsanwalt des Bezirkes Halle (Saale)
4010 Halle (Saale)
Kleine Steinstraße 7

Kreisgericht der Stadt Halle
H a l l e

In dem Ermittlungsverfahren gegen die pflegerische Hilfskraft

Michael MÖHRING [...]

wird der Erlaß eines

H a f t b e f e h l s

beantragt.

Gründe:

Der Beschuldigte ist dringend verdächtig, am 08.06.1987 ein handschriftliches Schreiben mit die staatliche öffentliche Ordnung verächtlich machendem Inhalt hergestellt und auf dem Postweg an die Abt. Innere Angelegenheiten beim Rat des Kreises Wittenberg weitergeleitet zu haben, worin die Maßnahmen zum Schutz der Staatsgrenze der DDR zu Berlin/West verächtlich gemacht werden.

Vergehen gemäß: § 220 Abs. 2 StGB

Die Voraussetzungen für die Anordnung der Untersuchungshaft ergeben sich aus § 122 Abs. 1 Ziff. 4 StPO, da der dringende Tatverdacht begründet wird durch die geständigen Aussagen des Beschuldigten und aus der Tatschrift. Da die Tat, die den Gegenstand des Verfahrens bildet, mit Haftstrafe bedroht und eine Strafe mit Freiheitsentzug zu erwarten ist, ist zur

Sicherung der Ermittlungen und zur Durchführung der zu erwartenden gerichtlichen Hauptverhandlung die Inhaftierung des Beschuldigten gesellschaftlich notwendig und unumgänglich.

Umstände, die gem. § 123 StPO einer Inhaftierung entgegenstehen könnten, liegen nicht vor.

(Unterschrift)
i. A. Staatsanwalt

Vor dem Haftrichter

In einem kleinen Zimmer forderte mich der Wärter schließlich auf, mich auf einen Hocker zu setzen. Vor mir stand ein Tisch, dahinter ein Stuhl, ein paar Büroschränke und mir gegenüber war ein großes vergittertes Fenster.

Der Wärter blieb im Raum.

Kurze Zeit später kam ein älterer, beleibter Mann und eine Frau mittleren Alters herein. Es war der Haftrichter und die Protokollführerin. Wie bei der Vernehmung mit dem Hauptmann tags zuvor, so stellte auch hier der Haftrichter verschiedene Fragen und die Protokollführerin faßte meine Antworten auf der Schreibmaschine zusammen.

Schnell wurde mir klar, wie die Sache für mich laufen würde. Der Haftrichter ließ schon vor der Befragung keinen Zweifel daran, mich wegen »öffentlicher Herabwürdigung« vorläufig hinter Gitter zu bringen, egal, was ich aussagte.

Halle, den 03.07.1987

Das Kreisgericht der Stadt Halle/Saale
Aktenzeichen RS 47/87

Strafsache

Anwesend:

Richter Muckenheim
als Vernehmender

Czerwinka
als Protokollführer

gegen MÖHRING, Michael wegen des Tatverdachtes der öffentlichen Herabwürdigung

Der Haftbefehl des Kreisgerichts der Stadt Halle/Saale vom 03.07.1987, Az. RS 47/87, wurde ihm am 03.07.1987 bekanntgegeben.

Vorgeführt erscheint der Beschuldigte. Ihm wurde eröffnet, was ihm zur Last gelegt wird. Er wurde über seine Rechte (§§ 15[xv], Abs. 2, 61 StPO) belehrt. Befragt, was er zu der gegen ihn erhobenen Beschuldigung zu sagen habe, erklärte er:

Zur Person: Vor- und Familienname: MÖHRING, Michael [...]

Festgenommen am 02.07.1987, 11.15 Uhr

Zur Sache:

Im Jahre 1987 habe ich drei Anträge etwa auf Wohnsitzwechsel gestellt. Mit mir wurden bei der Abteilung Inneres des Rates des Kreises Wittenberg zwei Aussprachen geführt, wobei jedoch eine Entscheidung über den Antrag noch nicht gefallen war. Am 08.06.1987 habe ich dann erneut einen derartigen Antrag verfaßt und noch am gleichen Tag auf dem Postweg an die Abteilung Inneres zum Versand gebracht. Mit diesem Antrag wollte ich meine Meinung über die Staatsgrenze der DDR zum Ausdruck bringen. Wie immer habe ich gehofft, daß mein Antrag genehmigt wird.

Nach dem 08.06.1987 habe ich noch zwei weitere Anträge an den Staatsrat der DDR gerichtet.

Zur weiteren Beweiserhebung stellt der Beschuldigte Anträge: keine

Von der Verhaftung des Beschuldigten sollen benachrichtigt werden:

gesch. Ehefrau: Martina Möhring, Wittenberg, Dr.-Richard-Sorge-Str. 32

gelesen, genehmigt und unterschrieben am 03.07.1987, 14.10 Uhr

(Unterschrift) *Czerwinka*
Protokollführer

(Unterschrift) *Muckenheim*
Vernehmer

Der Beschuldigte verweigert die Unterschrift.

Aus Protest gegen den Haftbefehl verweigerte ich die Unterschrift unter dem Dokument.

Halle, den 03.07.1987

Das Kreisgericht der Stadt Halle/Saale
Aktenzeichen RS 47/87

Haftbefehl

Der Hilfspfleger Michael MÖHRING,
[...]

ist in Untersuchungshaft zu nehmen.

Er wird beschuldigt, [...]

Die Anordnung der Untersuchungshaft ist gemäß § 122 Abs. 1 Ziff. 4 StPO gesetzlich begründet, weil die Tat mit Haftstrafe bedroht und auf Grund der Tatschwere eine Strafe mit Freiheitsentzug zu erwarten ist. Die Inhaftierung ist zur Durchführung des Strafverfahrens unumgänglich und gesellschaftlich gerechtfertigt.

Umstände, die gemäß § 123 StPO einer Inhaftierung entgegenstehen könnten, liegen nicht vor.

(Unterschrift)
Muckenheim
Richter

Gegen diesen Haftbefehl ist das Rechtsmittel der Beschwerde zulässig (§ 127 StPO[xvi]). [...]

(Unterschrift)
Muckenheim
Richter

Nun war mir klar, ich mußte mich auf eine längere Gefängnisstrafe einstellen und es gab keine Möglichkeit, diese Verhaftung vor meinen Kolleginnen zu verheimlichen.

Am morgigen Samstag sollte Joni Eareckson in die Stadtkirche von Wittenberg kommen. Sie lebt in den USA und war 17 Jahre alt, als sie sich am 30. Juli 1967 bei einem Badeunfall das Genick brach. Seither ist sie vom Hals abwärts gelähmt, nur zu einem gewissen Teil kann sie die Arme bewegen. Nach anfänglicher Resignation und Gedanken an Selbstmord fand sie sich schließlich mit ihrem Leben ab und fand Befriedigung in der christlichen Lehre. Sie begann mit dem Mund zu malen, und war darin recht erfolgreich.

Ich hatte zwei Bücher von ihr gelesen und freute mich sehr, daß sie nach Wittenberg kam. Nun stand fest, ich würde nicht hingehen können, weil die DDR keine Kritik ertragen konnte und ihre Macht ausspielte, um sich dafür gnadenlos und unbarmherzig zu rächen.

* * *

So wie ich es heute in meinen Akten lesen kann, war es bereits seit meinem Brief vom 08. Juni 1987 geplant, mich für die beiden Wörter »menschenverachtende Mauer« ins Gefängnis zu stecken. Der § 220 StGB sieht durchaus auch Strafen auf Bewährung, Geldstrafe oder einen öffentlichen Tadel vor.

Alle staatlichen Schreiben betonten in meinem Fall jedoch nur die »große Wahrscheinlichkeit« einer Haftstrafe. Obwohl ich einen festen Wohnsitz und einen Arbeitsplatz vorweisen konnte, keine Fluchtgefahr bestand, ich geständig und Verdunkelungsgefahr ausgeschlossen war, wurde die Untersuchungshaft angeordnet.

Eine Beschwerde dagegen war sinnlos, und so verzichtete ich darauf.

Die Angst vor einer langen Haftstrafe

Als ich wieder in meiner Zelle war, verlangte ich nach einem Strafgesetzbuch. Zu diesem Zeitpunkt glaubte ich fest, ich gelte aufgrund der letzten Verurteilung am 13. Februar 1979 noch als vorbestraft, was die zu erwartende Gefängnisstrafe wesentlich erhöhen würde. Obwohl mir klar war, daß die Bewährungszeit nach der Entlassung wegen Amnestie lange vorüber war, kam mir aufgrund der Vorstrafe eine Verurteilung von über drei Jahren in den Sinn.

Noch am gleichen Tag bekam ich das Strafgesetzbuch für wenige Stunden in die Zelle. Geschockt stellte ich fest, daß der § 220 im Strafgesetzbuch tatsächlich existierte und ein Verstoß gegen diesen Paragraphen eine Höchststrafe bis zu zwei Jahren vorsah.

Datum: 03.07.1987

Staatsanwalt des
Bezirkes Halle

Untersuchungshaftanstalt
- Vollzugsgeschäftsstelle -

In der Strafsache gegen

MÖHRING, Michael, [...]

wird für den Vollzug der Untersuchungshaft angeordnet:

Art der Unterbringung:

keine besonderen Festlegungen
Arbeitseinsatz möglich ..... (ja/nein)

Brief- und Besuchsverkehr mit Angehörigen

Besuchsverkehr: wird noch festgelegt

Schriftverkehr: wöchentlich 1 Brief an einen Verwandten oder einer nahestehenden Person zu schreiben und zu erhalten, Kontrolle erfolgt durch das Untersuchungsorgan

Verkehr mit dem Verteidiger: -

(Unterschrift des Staatsanwaltes)

Ich wurde mitten aus meinem Umfeld gerissen, da war ein Brief pro Woche an nur eine Person natürlich viel zu wenig. Ich beantragte, Martina schreiben zu dürfen. All mein Besitz war noch im Kinderzimmer ihrer Wohnung, und so war sie am ehesten in der Lage, sich um meine persönlichen Dinge zu kümmern.

Halle, 03.07.1987

Bezirksverwaltung für
Staatssicherheit Halle

<u>Bericht über die durchgeführte Wohnungs- und Arbeitsplatzdurchsuchung</u>

Am 02.07.1987, in der Zeit von 13.00 – 14.30 Uhr, wurde auf Anordnung des Staatsanwaltes in der Wohnung des

M ö h r i n g, Michael
[...]

eine Durchsuchung durchgeführt.

Diese Maßnahme wurde im Beisein eines Staatsanwaltes der Kreisstaatsanwaltschaft Wittenberg durchgeführt.

Desweiteren war die geschiedene Ehefrau des Beschuldigten zugegen.

Der Beschuldigte bewohnt in einer 3 Raum Altbauwohnung ein eigenes, abgeschlossenes Zimmer.

Während der Durchsuchung wurden die im Durchsuchungs- und Beschlagnahmeprotokoll aufgeführten Posten 1 – 37 beschlagnahmt. Von den persönlichen Gegenständen des Beschuldigten wurde eine Aufstellung angefertigt und laut Übergabeprotokoll vom 02.07.1987 an die Martina Möhring übergeben.

Die M. Möhring[32] *verhielt sich während der Maßnahme ruhig, desweiteren wurde sie gemäß § 91 StPO belehrt.*

Vorkommnisse waren nicht zu verzeichnen.

Am gleichen Tag in der Zeit von 15.00 – 15.30 Uhr wurde auf Anordnung des Staatsanwaltes auf dem Arbeitsplatz des

---

[32] Martina Möhring

Möhring, Michael
[...]

eine Durchsuchung durchgeführt.

An dieser Arbeitsplatzdurchsuchung nahm ein Staatsanwalt teil. Während der Durchsuchung wurden keine Unterlagen oder Gegenstände gefunden, die als Beweismittel dienen könnten bzw. der Beschlagnahme unterliegen.

Vorkommnisse waren nicht zu verzeichnen.

Die zuständige Dienststelle war über die Maßnahme informiert.

(Unterschrift) *Schnur*
Hauptmann

(Unterschrift) *Bienert*
Hauptmann

(Unterschrift) *Klemm*
Oberstleutnant

Wie mir Martina später berichtete, wurde auch ihr Teil der Wohnung durchsucht. All meine Sachen waren jedoch im Kinderzimmer, welches ich bewohnte. Bei der Durchsuchung ihrer Räume wurde deshalb nichts gefunden, was sie oder mich hätte belasten können.

Die zweite Vernehmung

Den Gedanken an eine Abschiebung in den Westen hatte ich mittlerweile fallengelassen. Denn wenn diese vorgesehen war, wäre der ganze Aufwand mit der Untersuchungshaft nicht nötig gewesen. Die nächste Vernehmung war nur wenige Tage später. Noch immer war ich in Einzelhaft und hatte keinerlei Zweifel mehr, verurteilt zu werden und wieder ins Gefängnis zu müssen. Als kleine Hoffnung blieb mir jedoch eine mögliche Abschiebung in den Westen über die Haftanstalt Karl-Marx-Stadt.

Angesichts meiner aussichtslosen Situation und der zu erwartenden Haftstrafe antwortete ich auf die Fragen des Vernehmers, einem Oberleutnant in Zivil, nur noch sehr oberflächlich. So gab ich vor, bestimmte Personen nicht zu kennen, mich an gewisse Ereignisse oder Adressen nicht mehr erinnern zu können oder bestritt Kontakte. Dies betraf hauptsächlich Fragen, die für meine Übersiedlung ohnehin nicht von Belang waren oder worüber das MfS keinerlei Informationen hatte - und von mir auch nicht bekommen sollte.

Ich kam mit diesen »Gedächtnislücken« anfangs durch, weil dem Vernehmer meine Antworten auf diesbezügliche Fragen nicht wirklich interessierten. Alle Angaben bezüglich meines Briefes vom 08. Juni 1987 waren dem MfS bereits gekannt. Das eigentliche Ziel hatten sie erreicht: Die Staatssicherheit hatte mich der Öffentlichkeit entrissen und mich ungefährlich gemacht.

Womit sich im ersten Teil der Befragung beschäftigt wurde, hielt ich deshalb für reine Show.

Ich konzentrierte mich auf die Fragen, die mir bei meiner Darstellung für die Ablehnung des Systems wichtig waren. Solange ich nicht gezwungen wurde, bestimmte Aussagen zu machen, hatte ich Gedächtnislücken. All meine Argumentationen hatten mich bisher nicht weitergebracht. Von jetzt ab reagierte ich mit Ablehnung und Desinteresse auf alles, was die DDR und mein Leben darin betraf. Insgeheim wünschte ich mir, das MfS würde mich als hoffnungslosen Fall einstufen und so das Interesse an mir verlieren und mich abschieben. Viele meiner Aussagen in diesem Vernehmungsprotokoll sind daher teilweise falsch oder übertrieben dargestellt.

Wie in der ersten Vernehmung wurden wieder verschiedene Fragen gestellt, die ich beantwortete, und die der Vernehmer in seinen Worten zu einer Antwort zusammenfaßte. Auch die Fragen im Protokoll sind zusammengefaßt, was erklärt, daß ich auf einige Dinge antworte, die nicht gefragt wurden. Alles was ich sagte wurde anschließend vom Vernehmer in die Schreibmaschine getippt. Dies nahm die meiste Zeit der Vernehmung in Anspruch.

Während dieser Zeit saß ich auf meinem Stuhl und sah gelangweilt zu, wie der Vernehmer mühsam mit zwei Fingern meine Antworten zu Papier brachte.

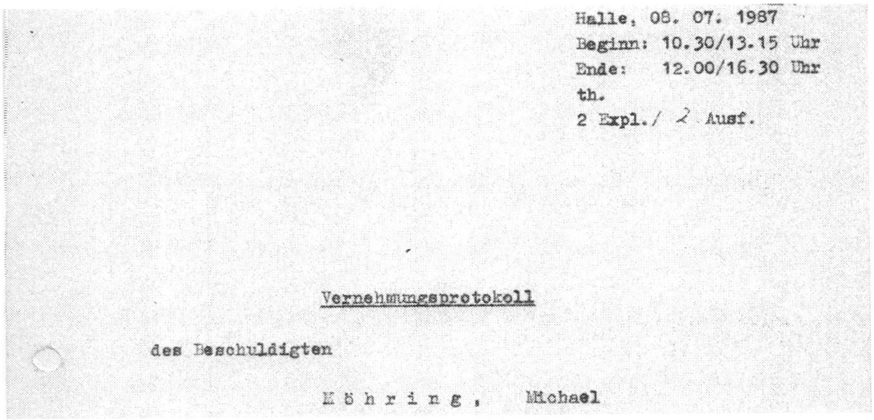

Halle, 08. 07. 1987
Beginn: 10.30/13.15 Uhr
Ende: 12.00/16.30 Uhr
th.
2 Expl./ 2 Ausf.

Vernehmungsprotokoll

des Beschuldigten

M ö h r i n g , Michael

Halle, den 08.07.1987

Beginn: 10.30/13.15 Uhr
Ende: 12.00/16.30 Uhr

Vernehmungsprotokoll

des Beschuldigten

M ö h r i n g, Michael
geb. am 08.12.1958 in Wittenberg

Frage: *Welchen sozialen Verhältnissen entstammen Sie?*

Antwort: *Etwa 1½ Jahre nach meiner Geburt wurde die Ehe meiner Eltern geschieden und ich kann zu meinem Vater keine Angaben machen. Ich hatte zu ihm nie Kontakt und es hatte mich auch nicht interessiert, wer mein Vater ist. Meine Erziehung erfolgte durch meine Mutter*

Ingeburg BARTH, gebn. XXX
geb. am: 30.11.1938 in Coswig
Beruf: nicht bekannt
beschäftigt: Angestellte in der Konsumgenossenschaft in Klötze
wohnhaft: 3580 Klötze, Bezirk Magdeburg, Waldstraße 12

Ich habe noch eine Schwester

Silke BARTH
geb. am: 18.07.1969 in Klötze
Beruf: nicht bekannt
beschäftigt: nicht bekannt
wohnhaft: Klötze, Straße nicht bekannt

zu der ich aber keinen Kontakt weiter habe. Ob ich einen Kindergarten besucht habe, weiß ich nicht mehr, ich kann mich nicht erinnern. Auch an Besonderheiten oder bestimmte Krankheiten bis zu meiner Einschulung kann ich mich nicht erinnern.

Trotz der Bespitzelung in Wittenberg war es dem MfS augenscheinlich entgangen, daß ich sehr wohl Kontakt zu meinem leiblichen Vater hatte. Dieser wohnte ebenfalls in Wittenberg, war wieder verheiratet und hatte zwei Kinder.

Meine Schwester wohnte zu dieser Zeit noch bei meinen Eltern. Trotzdem gab ich an, mich nicht erinnern zu können, wo sie wohnte. Ebenso stimmten die Geburtsdaten nicht, die ich bei meiner Mutter und meiner Schwester angab. Auch gibt es sicher kein Kind, welches sich nicht daran erinnern kann, ob es einen Kindergarten besucht hatte oder nicht. Ebenso war mir bekannt, welchen Beruf meine Mutter und meine Schwester ausübten.

Die Frage nach meinen Krankheiten zeigte mir nicht nur die Sinnlosigkeit der Vernehmung, sondern auch die Schikane. Das MfS genoß es, mich von oben herab zu behandeln und zu demütigen.

Frage: *Wie verlief Ihre schulische Entwicklung?*

Antwort: *Ich wurde im September 1966 in die POS*[33] *in Klötze eingeschult. Der konkrete Name der Schule ist mir nicht in Erinnerung geblieben. Diese Schule besuchte ich bis Juli 1976. Weil ich es abgelehnt hatte, an der Deutschprüfung teilzunehmen, bekam ich nicht den Abschluß der 10. Klasse. Ich erhielt das Zeugnis der 10. Klasse mit dem Vermerk: »Ziel der 10. Klasse nicht erreicht«. Im Zusammenhang damit hatte ich es abgelehnt, solche »roten Bücher« zu lesen, wie zum Beispiel: »Wie der Stahl gehärtet wurde«. Das Lesen solcher Kriegsbücher lehnte ich ab, ich war mit der Selbstverherrlichung der Helden dieser Bücher nicht einverstanden und ich interessierte mich insgesamt nicht für solche Bücher. Durch Nachdenken im Jugendalter, den genauen Zeitpunkt kann ich nicht angeben, kam ich zu der Überzeugung, diese Gesellschaftsordnung in der DDR bzw. die sozialistische Gesellschaftsordnung überhaupt abzulehnen. Um was es sich damals im Einzelnen handelte, weiß ich nicht mehr, es waren viele Sachen. Meine Einstellung, zu der ich letztendlich gelangte, habe ich zum Teil in der Vernehmung am 02.07.1987 konkret wiedergegeben und ich möchte mich da nicht noch einmal wiederholen. Wie das während meines Schulbesuches im Einzelnen war, weiß ich heute nicht mehr, das ist ja nun schon 11 Jahre her. Vorstellungen über meinen zukünftigen Beruf hatte ich nach Abschluß meiner Schule nicht, mich interessierte nur der »Westen«, ich wollte auch aus der DDR raus, ich interessierte mich in keiner Weise dafür, wie es mit mir in der DDR beruflich weitergehen soll. Wie es dazu gekommen war, daß ich mich als Baufacharbeiterlehrling bewarb und wo dies geschah, weiß ich auch nicht mehr. Ich weiß nur noch, daß ich zum Kernkraftwerk nach Lubmin geschickt wurde.*

Frage: *Aus Ihrem dem Untersuchungsorgan vorliegenden Ausweis für Arbeit und Sozialversicherung geht hervor, daß Sie am 01.09.1976 im VEB*[34] *BMK*[35] *Kohle und Energie, Kombinatsbetrieb Industriebau KKW*[36] *Lub-*

[33] Polytechnische Oberschule

[34] volkseigener Betrieb

[35] Bau- und Montagekombinat

[36] Kernkraftwerk

min die Lehrausbildung zum Baufacharbeiter aufnahmen. Welche berufliche Entwicklung nahmen Sie?

Antwort: Wenn das so in meinem SV-Ausweis steht, wird das schon stimmen. Ich weiß nicht mal, was BMK heißt und da soll ich mich an eine solche Bezeichnung erinnern können? Ich kenne die DDR-Bezeichnungen für die Betriebe nicht und sie interessieren mich auch nicht. Meine Lehrausbildung ging dann aber nur bis Dezember 1976. Anfang Dezember 1976 hatte ich in den Südbezirken der DDR versucht, die DDR nach der BRD illegal zu verlassen. Wo das genau war, weiß ich nicht mehr. Für den Versuch des illegalen Grenzübertritts wurde ich durch das Kreisgericht Klötze zu einem Jahr Freiheitsentzug verurteilt. Ich befand mich für ein Jahr im Strafvollzug Naumburg. Nach meiner Haftentlassung arbeitete ich dann in verschiedenen Betrieben, an die ich mich nicht mehr erinnern kann.

Nun gingen dem Vernehmer meine Gedächtnislücken zu weit. Es war ihm zu offensichtlich, daß ich mich nicht erinnern wollte. Er gab mir den beschlagnahmten Sozialversicherungsausweis in die Hand, damit ich die erfragten Daten nachlesen konnte.

Unter Verwendung des mir zur Verfügung gestellten SV-Ausweises kann ich konkretisieren, daß ich vom 08.12.1977 bis 15.09.1978 als Bauhilfsarbeiter im VEB Baukombinat »Altmark« in Klötze gearbeitet habe.

In dieser Zeit befand ich mich von Mai bis 31. August in Untersuchungshaft in Stendal. Ich stand im Verdacht, versucht zu haben, die DDR ungesetzlich nach der BRD verlassen zu wollen. Meine Festnahme erfolgte in einem Waldstück in der Nähe von Klötze. Aus der Untersuchungshaft wurde ich entlassen, weil ich unschuldig war, weil ich nicht vorhatte, die DDR illegal zu verlassen.

Über diese Haftzeit wurde recht lange gesprochen. Es war dem Vernehmer anzumerken, daß er mir meine Unschuld in diesem Fall nicht abkaufte. Vielleicht rechnete er damit, ich würde heute aus Wut und Trotz heraus diese versuchte Republikflucht zugeben. Ich dachte jedoch keinen Augenblick daran.

Ich arbeitete danach vom 18.09.1978 bis 29.12.1978 als Transportarbeiter im VEB Großhandel Obst-Gemüse-Speisekartoffeln in Osterburg. Im Dezember des gleichen Jahres noch wurde ich inhaftiert.

Der Sitz des Betriebes lag in Osterburg, meine Arbeitsstelle jedoch in Klötze. Ein Kraftfahrer und ich belieferten Lebensmittelläden mit Waren in der näheren Umgebung.

Hier wurde mir jeden Tag die Mangelwirtschaft in der DDR vor Augen geführt. Von ihren Bestellungen bekamen die Läden nur das, was lieferbar war. Viele Erzeugnisse schafften es gar nicht erst bis zum Verkauf und wurden unter der Hand weitergereicht. Oft wurden Lebensmittel gar nicht erst bestellt, weil mit einer Lieferung doch nicht zu rechnen war.

Frage: Aus welchen Gründen wurden Sie inhaftiert?

Antwort: Ich war von der DDR aus in der Nähe von Zinnwald illegal in die ČSSR eingedrungen, um von der ČSSR aus die Grenze nach der BRD zu überschreiten. In der ČSSR war ich dann festgenommen worden. Meine Verurteilung wegen ungesetzlichen Grenzübertritts erfolgte durch das Kreisgericht Klötze. Ich wurde zu einer Gefängnisstrafe von 2 Jahren und 3 Monaten verurteilt und ich befand mich in der Strafvollzugseinrichtung in Torgau. Im Dezember 1979 wurde ich im Rahmen einer Amnestie aus dem Strafvollzug vorzeitig entlassen.

Noch immer hatte ich den SV-Ausweis in der Hand, um dem Vernehmer die Daten meiner beruflichen Beschäftigungen nennen zu können.

Frage: In welchen Betrieben arbeiteten Sie nach Ihrer Entlassung aus der Strafvollzugseinrichtung Torgau?

Antwort: Weil mir mein Onkel

Heinz XXX
ca. 45 Jahre alt
Beruf: nicht bekannt
beschäftigt: Arbeiter im VEB Gummiwerk Elbe in Piesteritz
wohnhaft: Wittenberg-West, XXXstraße 7

ein Zimmer zur Verfügung stellen konnte, verzog ich zu ihm nach Wittenberg und ich nahm im VEB Gummiwerk Elbe eine Tätigkeit als Betriebsarbeiter auf. In diesem Betrieb arbeitete ich vom 10.12.1979 bis 31.12.1981. Weil ich nicht mehr im Schichtdienst arbeiten wollte, nahm ich ab Januar 1982 eine Tätigkeit als Lagerist bei der Firma Otto ROST in Wittenberg an, die ich wegen zu geringem Einkommen zum 31.12.1983 kündigte. Im Zeitraum vom 01.01.1984 bis zum 26.10.1984 arbeitete ich im VEB Blechwarenfabrik Rothemark in Wittenberg.

In der Blechwarenfabrik eloxierten[37] wir Kühlkörper für Kühlschränke und Tiefkühltruhen. Die Arbeit griff die Gesundheit stark an, weil die Abzugsanlagen für die giftigen Dämpfe nicht ausreichten oder, wie so oft, nicht funktionierten. In der Werkshalle setzte sich weißer Staub ab, der sich überall einätzte und nicht mehr zu entfernen war.

Obwohl im Betrieb Teile von Tiefkühltruhen hergestellt wurden, konnten die Kollegen selbst keine derartigen Geräte im Betrieb oder in der Stadt kaufen. Sie waren äußerst selten im Angebot und wohl nur über langjährige Bestellung beziehbar.

Als das Küchenkollektiv einmal vom Betrieb, dem wir Kühlschrankteile lieferten, ausgezeichnet wurde, gab es als Prämie eine dieser Tiefkühltruhen. Wer diese bekommen sollte, lag in der Entscheidung des Küchenleiters. Es sollte gerecht zugehen, und so wurde von der Leitung vorgeschlagen, das Küchenpersonal solle um diese Truhe würfeln. Wer die höchste Zahl würfelte, sollte das Gerät bekommen.

Das allerdings lehnten die Küchenfrauen empört ab. So bekam letztendlich die Kollegin die Truhe, die die meisten Kinder hatte.

Diese Tätigkeit dort sagte mir wegen der gesundheitsgefährdenden Arbeit nicht zu und ich hatte aus diesem Grund gekündigt. Im Anschluß daran arbeitete ich von November 1984 bis Februar 1985 als Heizer und Transportarbeiter im VEB Likörfabrik Zahna. Diese Arbeitsstelle kündigte ich wiederum wegen der ungünstigen Verkehrsbedingungen zwischen Wittenberg und Zahna. Ich bewarb mich in der Hufeland-Klinik in Wittenberg

[37] Metall mit einer Schutzschicht aus Aluminiumoxid überziehen

um die Stelle eines Pflegers und ich arbeitete seit dem 20.02.1985 in dieser Klinik.

Nach diesen Aussagen nahm mir der Vernehmer den Sozialversicherungsausweis wieder ab.

Frage: Wie schätzen Sie Ihre gezeigten Arbeitsleistungen ein?

Antwort: Mir machte meine Arbeit Spaß und ich glaube nicht, daß meine Arbeitsleistungen zu beanstanden waren. Weiter kann ich dazu nichts sagen. Meine Leistungen muß die Klinik beurteilen.

Frage: Waren Sie gesellschaftlich tätig?

Antwort: Nein, ich war in keiner Weise gesellschaftlich tätig. Ich sagte schon, daß ich die gesellschaftlichen Verhältnisse in der DDR ablehne und meine eigene Meinung vertrete, da konnte und kann ich für diesen Staat nicht gesellschaftlich tätig sein.

Frage: Welche Vorstellungen haben Sie über ein Leben in der BRD?

Antwort: Ich habe bestimmte Vorstellungen über ein Leben in der BRD, über die ich aber nichts sagen werde. Über meine ablehnende Einstellung gegenüber der DDR habe ich schon so viel gesagt und in meinen Ausreiseanträgen geschrieben. Wenn mir eine Genehmigung zur Übersiedlung nicht erteilt wird, sehe ich auch keinen Grund, Angaben dazu zu machen, wie ich mir mein Leben in der BRD vorstelle. Nach der Rücknahme meines 1980 gestellten Übersiedlungsantrages hatte ich am 01.03.1987 erneut einen Antrag auf Übersiedlung nach der BRD beim Rat des Kreises Wittenberg, Abteilung Inneres, gestellt. Nach weiteren Anträgen und Aussprachen wurde mein Antrag weder genehmigt noch abgelehnt. Aber dazu habe ich ebenfalls in der Vernehmung am 02.07.1987 meine Aussage gemacht.

Erst jetzt kam der Oberleutnant zum eigentlichen Grund der Vernehmung, und lenkte das Thema auf die Gegenstände, die bei der Durchsuchung meines Zimmers gefunden wurden.

Frage: Bei der auf Anordnung des Staatsanwaltes erfolgten Durchsuchung Ihrer Wohnung wurden 3 Blatt Format A4 mit handschriftlichen Aufzeichnungen über die Abschrift des »Merkblatt für Übersiedlungen aus der DDR, Merkblatt Nr. 11« vorgefunden und beschlagnahmt. Wie gelangten Sie in den Besitz des benannten Merkblattes?

Antwort: Dieses Merkblatt, bestehend aus etwa 3 Blatt im Format A4, habe ich mir abgeschrieben. Es handelte sich dabei aber nicht um ein Original-Merkblatt, sondern um eine Schreibmaschinenabschrift. Es wurde mir vor der »großen Ausreisewelle« 1984 durch

Jürgen, Nachnahme nicht bekannt
ca. 30 Jahre alt
Beruf: nicht bekannt
beschäftigt: nicht bekannt
wohnhaft gewesen: Wittenberg, Falkstraße oder Zimmermannstraße

zur Verfügung gestellt. Er siedelte Ende 1984/Anfang 1985 nach der BRD über. Ich habe nach dessen Übersiedlung nach der BRD nichts wieder über ihn gehört.

Mit Jürgen, dessen Nachnahme ich sehr wohl wußte, und seiner Frau verband mich eine lose Freundschaft. Wir trafen uns, mit anderen Bekannten von mir, gelegentlich am Wochenende bei Ihnen und sprachen dann oft über den Westen.

Sie schafften mit ihren Kindern die Übersiedlung in die Bundesrepublik kurz vor dem Ende der Ausreisewelle. Nach ihrer Übersiedlung schlief der Kontakt ein, jedoch höre ich über Bekannte noch häufig von der Frau. Sie lebt heute in Süddeutschland und ist schon lange von Jürgen geschieden.

Damals hatte ich mir dieses Merkblatt mit Bleistift abgeschrieben und davon wiederum fertigte ich die vorgefundene Abschrift im März 1987 nach meiner erneuten Antragstellung. Der Inhalt des Merkblattes sagt aus, daß das Merkblatt für Bürger der BRD bestimmt ist. Vor einer eventuellen Übersiedlung nach der BRD wollte ich mir alles durchlesen, damit ich weiß, was ich in der BRD alles zu beachten habe. Es wäre ja möglich, daß ich in der BRD ein solches Merkblatt nicht bekomme.

Der letzte Satz war zwar Blödsinn, aber damals ernstgemeint. Hier schimmert noch deutlich das DDR-Denken durch, welches die Mangelwirtschaft hervorbrachte. In der DDR wurde gehamstert, was gehamstert werden konnte, es wurde gekauft, was man eigentlich nicht brauchte, aber zu einem späteren Zeitpunkt vielleicht einmal gebrauchen *könnte*. Zu groß war die Gefahr, es dann später nicht mehr zu bekommen.

An das im Merkblatt benannte Bundesministerium für Innerdeutsche Beziehungen nach Bonn habe ich nicht geschrieben. Das bezieht sich ja nur auf die BRD-Bürger oder dem DDR-Bürger, nachdem dieser in der BRD ist.

Die Falle, die mir vom Vernehmer in dieser und der folgenden Frage gestellt wurde, war mir bewußt. Eine Kontaktaufnahme mit dem Bundesministerium für Innerdeutsche Beziehungen hätte meine zu erwartende Haftstrafe wesentlich verlängert. Doch in diesem Fall hatte ich wirklich nichts zu verbergen.

Frage: Welche Verbindungen unterhalten Sie nach der BRD, Berlin (West) oder in ein anderes Land?

Antwort: Ich unterhalte keine derartigen Verbindungen, und ich brauche auch solche Verbindungen nicht. Sollte ich nach der BRD kommen, reicht mir das Aufnahmelager Gießen und das Merkblatt für einen Anfang in der BRD. In der BRD geht keiner unter und das stärkt mein Selbstvertrauen und gibt mir Sicherheit. Einen Job werde ich schon finden und dann gibt es ja auch noch karitative Einrichtungen in der BRD, bei denen ich Unterstützung finden kann.

Frage: Welche Personen gehören zu Ihrem Umgangskreis?

Antwort: Ich bin Einzelgänger und habe keine Personen, mit denen ich Umgang habe. Das betrifft vor allem die Zeit nach meiner Antragstellung auf Übersiedlung nach der BRD im März 1987.

Bei dieser Aussage war ich froh, daß hier nicht weiter nachgehakt wurde, denn ich wußte, worauf der Oberleutnant aus war. Mein Antrag auf Übersiedlung kam für den Staatsapparat überraschend und meine Verhaftung folgte bald darauf, so daß das MfS kaum die Möglichkeit hatte, mich ausreichend zu bespitzeln.

Das wußte ich, und so konnte ich die Namen meiner Freunde verschweigen. Sie wären sonst ohne Zweifel in Schwierigkeiten gekommen.

Von 1981 bis 1987 war ich mit

Martina MÖHRING gebn. Kunze

[...]

verheiratet. Unsere Scheidung erfolgte auf Grund ehelicher Zerwürfnisse und wegen meines Übersiedlungsantrages. Meine geschiedene Ehefrau wollte nicht nach der BRD übersiedeln. Ich bin für meinen aus dieser Ehe hervorgegangenen Sohn

Sebastian MÖHRING, [...]

in Höhe von 90,-- Mark monatlich unterhaltspflichtig.

Nun legte der Vernehmer das beschlagnahmte Material vom Petersbergtreffen auf den Tisch. Hier hatte es keinen Sinn, irgend etwas abzustreiten, denn die Staatsanwaltschaft hatte sowohl das Informationsmaterial aus den Briefen, wie auch die Briefumschläge mit den Adressen der Absender beschlagnahmt.

Frage: Wie verbrachten Sie Ihre Freizeit?

Mein Ziel war es nun, bei der Vernehmung die Kirche in den Mittelpunkt meiner Freizeitaktivitäten zu stellen. Das hatte zwei Gründe. Zum einen konnte ich damit meine wahren Freizeitbeschäftigungen vertuschen, zum anderen wußte ich um das allgemein schlechte Verhältnis von Kirche und Staat. Meine vorgeblichen Interessen an Kirche, Atomkraft und Umweltschutz machten mich zu einem unbequemen Bürger. Genau diesen Anschein wollte ich erwecken.

Die Kirchen in der DDR hatten 1987 noch lange nicht den Stand erreicht, welchen sie 1989 verkörperten. Im Jahre 1987 war die Kirche noch zurückhaltend, und in Bezug auf meinen Übersiedlungsantrag wollte und konnte sie mir nicht weiterhelfen. Trotzdem besuchte ich diese kirchlichen Veranstaltungen, denn es war zu diesem Zeitpunkt die einzige Möglichkeit, der DDR, wenn auch nur symbolisch, den Rücken zu kehren.

<u>Antwort:</u> Ich besuchte jeden Mittwoch von 18.00 Uhr bis gegen 21.00 Uhr die kirchliche Gemeinde in Wittenberg an der Stadtkirche. Dort wurde auch Gitarre gespielt. Ich glaube Ende Mai 1987 war es, als ich zum Petersbergtreffen war. Dort waren auch Mitglieder aus der kirchlichen Gemeinde von Wittenberg.

Das Petersbergtreffen war ein großes kirchliches Ereignis und fand nicht weit von meinem Wohnort entfernt statt. Diese Veranstaltung war rege besucht, doch es gab kaum einen Menschen, den ich dort kannte.

Ich war dort auf der Suche nach Gleichgesinnten. Zwar rechnete ich nicht damit, auf kirchlichen Großveranstaltungen Menschen zu finden, die nach Westdeutschland übersiedeln wollten, doch zumindest Personen, die nicht mit allem, was die DDR tat, einverstanden waren. Und natürlich hoffte ich insgeheim auf Bekanntschaft mit Bürgern aus Westdeutschland, um bei ihnen möglicherweise Hilfe zu finden.

Als Altbundeskanzler Schmidt Anfang der 80er Jahre Wittenberg besuchte, sah ich etliche Leute, die Herrn Schmidt heimlich Briefe zusteckten, die dieser dann wortlos und unauffällig in seiner Jackentasche verschwinden ließ. Auch ich hatte einen Brief an die Bundesregierung auf dem Petersbergtreffen bei mir, den ich einer Person aus Westdeutschland mitgeben wollte, falls sich die Gelegenheit dazu ergab.

Dazu sollte es allerdings nicht kommen. Meine Erwartungen, bei diesem Treffen Gleichgesinnte oder Unterstützer zu finden, erfüllten sich nicht. Noch bevor ich wieder nach Hause fuhr, vernichtete ich diesen Brief. Er hätte mich nach meiner Verhaftung in arge Schwierigkeiten gebracht.

Ich selbst, und noch andere Mitglieder, waren mit der Bahn oder dem eigenen Fahrzeug zum Petersberg gefahren, der größte Teil fuhr mit Bussen. Dort gab es verschiedene Stände, wo Bücher verkauft oder Informationsmaterial über Südafrika, die Kirche, den Umweltschutz und die Atomkraft und ihre Sicherheit vorhanden war, welches man sich nehmen oder abschreiben konnte. Weil ich über den Umweltschutz und die Atomkraft und ihre Sicherheit mehr wissen wollte, fragte ich an einem solchen Stand, woher ich derartige Informationen erlangen kann. Irgendein Kirchenanhänger an einem Stand gab mir die Adresse einer Person aus dem Bezirk Magdeburg, die auf einem kleinen Zettel mit Schreibmaschine vermerkt war. Diese Adresse habe ich nicht im Kopf, sie muß aber auf einem Briefumschlag stehen, der mir zusammen mit Informationsmaterial zum Umweltschutz und zur Atomkraft Mitte Juni 1987 übersandt wurde.

Frage: Ihnen wird hiermit ein Briefumschlag Format A5 vorgelegt, in dem sich Argumentationsmaterial zum Energieverbrauch in der DDR und »10 Thesen zur Kernenergie« befinden. Dieser Brief wurde bei der benannten Durchsuchung Ihrer Wohnung vorgefunden und beschlagnahmt. Handelt es sich dabei um den von Ihnen genannten Briefumschlag?

Antwort: Ja, es handelt sich um den von mir benannten Briefumschlag und das Informationsmaterial. Außerdem befinden sich zwei Fotokopien in Postkartengröße dabei.

Der Vernehmer gab mir den Briefumschlag und das Informationsmaterial in die Hand, damit ich genauere Angaben machen konnte.

Dort ist das Datum vom 16.06.1987 angegeben. Der Briefumschlag und eine der Fotokopien tragen den Absender:

Bernd Böttcher
[Adresse]

Bernd BÖTTCHER teilt mit, daß zum Umweltschutz allgemein im Moment nichts zu verschicken ist. Wenn er dabei schreibt: »Wir haben im Moment nichts…«, so meint er sicher die Kirche, weil das Informationsmaterial den Vermerk »innerkirchlich« trägt. Er teilt weiterhin mit, daß ich vom Forschungsheim Wittenberg, Mittelstraße 33, ausführliche und detaillierte Informationen bekommen könnte. Ich war aber noch nicht dort, weil ich keine Zeit gefunden habe.

Tatsächlich hatte mich damals das Thema Umweltschutz überhaupt nicht interessiert, auch hatte ich nicht vor, dieses Forschungsheim aufzusuchen.

Ich sammelte nur alle möglichen Informationen, weil sie mir gegebenenfalls bei meinen Ausreiseanträgen nützlich sein konnten.

Auf jeden Fall wollte ich mich aber zu diesem Forschungsheim begeben. Über die Existenz dieses Forschungsheims war mir bis zu diesem Zeitpunkt noch nichts bekannt, und ich hatte dieses Thema auch noch nicht in der kirchlichen Gemeinde angesprochen.

Frage: Wie gelangte Bernd BÖTTCHER in den Besitz Ihrer Adresse?

Hier fragte der Vernehmer in Bezug auf das beschlagnahmte Informationsmaterial erstmals etwas, was er wirklich nicht wußte.

Antwort: Ich hatte Bernd BÖTTCHER nach dem Petersbergtreffen und dem Erhalt seiner Adresse angeschrieben und ihn um die Übersendung von Informationsmaterial zum Umweltschutz und die Atomkraft gebeten. Als Reaktion übersandte er mir das mir vorliegende Informationsmaterial.

Frage: In welchem Verhältnis stehen Sie zu der Person Bernd BÖTTCHER?

Antwort: Ich stehe zu dem BÖTTCHER in gar keinem Verhältnis. Ich kenne ihn nicht. Was zu der Verbindung zwischen uns zu sagen ist, ist, daß ich nur von ihm das Informationsmaterial erhalten habe. Es gab vor diesem Brief und danach keinerlei weitere Verbindungen.

Frage: Was wurde Ihnen über die Person Bernd BÖTTCHER bekannt?

Antwort: Über die Person Bernd BÖTTCHER wurde mir nichts bekannt. Das einzige, was mir bei dem Petersbergtreffen bekannt wurde, ist, daß er Informationsmaterial verschickt. Auf diese Weise gelangte ich ja auch in den Besitz von Informationsmaterial über die Kernenergie und den Energieverbrauch in der DDR. Wenn er mir derartige Materialien übersandt hat, wird er es auch anderen Personen übersandt haben, die in den Besitz seiner Adresse gelangt sind. Ich selbst hoffe, daß er auch anderen Personen solches Material übersandt hat, weil ich selbst davon überzeugt bin, daß Kernkraftwerke nicht sicher sind und abgeschafft werden müssen bzw. keine weiteren gebaut werden dürfen.

Die letzten Sätze sagte ich aus lauter Wut heraus, denn mir war es damals völlig egal, ob es Kernkraftwerke gab oder nicht. Zu diesem Zeitpunkt interessierte mich nur meine Übersiedlung nach Westdeutschland. Die Ablehnung der Kernkraftwerke empfand ich als Kritik am System der DDR, denn solche Betriebe galten damals als fortschrittlich und zukunftsweisend.

Frage: In dem Ihnen vorgelegten Briefumschlag wurde Ihnen durch Bernd BÖTTCHER der Text einer »Willenserklärung« zur Vorbereitung einer Volksabstimmung zur Kernenergie übersandt, zu der Unterschriften gesammelt werden sollen. Was haben Sie dazu bisher unternommen?

Antwort: Bis jetzt habe ich dazu noch nichts unternommen. Ich hätte mir zuerst bei dem kirchlichen Forschungsheim noch mehr Informationen zur Kernenergie und dem Umweltschutz eingeholt. Nach ausreichenden Informationen hätte ich mit Mitgliedern der kirchlichen Gemeinde gesprochen, mich mit ihnen über Sinn und Zweck einer solchen Unterschriftensammlung ausgetauscht. Wenn ich Zustimmung bekommen hätte, hätte ich Unterschriften gesammelt. Wohin ich diese Unterschriften schicken würde, lag noch nicht fest, obwohl dazu in dem Informationsmaterial Adressen von staatlichen Organen vermerkt sind. Zu den Mitgliedern der kirchlichen Gemeinde mache ich keinerlei Angaben. Das ist eine rein kirchliche Angelegenheit und Sie vertreten den Staat.

Ich habe das Vernehmungsprotokoll selbst gelesen. Der Inhalt entspricht meinen Aussagen. Meine Worte sind darin richtig wiedergegeben. Das bestätige ich durch meine Unterschrift.

(Unterschrift)
Michael MÖHRING

(Unterschrift)
Oberleutnant

Einen Tag nach dieser Vernehmung wurde ich in eine Zelle verlegt, in der noch zwei weitere Gefangene lagen. Auch diese beiden Gefangenen waren aus politischen Gründen inhaftiert, beide wie ich wegen »öffentlicher Herabwürdigung«. Sie waren in meinem Alter, einer der beiden war verheiratet und hatte eine Tochter im Vorschulalter. Seine Frau hatte mit ihm zusammen einen Ausreiseantrag gestellt, eingesperrt hatte man jedoch nur ihn.

Die nächsten Tage geschah nichts und die Tage waren, trotz der neuen Gesprächspartner, furchtbar langweilig. Außer Büchern und der Tageszeitung hatten wir keinerlei Zerstreuung. Täglich durften wir für ein paar Minuten an die frische Luft. Auch während dieser Zeit sahen wir keine anderen Gefangenen. Trotzdem waren wir froh, wenigstens für ein paar Minuten aus dieser stickigen Zelle herauszukommen. Luftzirkulation gab es wegen der Sichtblende in dem kleinen Fenster so gut wie nicht. War jemand auf der Toilette, war es in der Zelle kaum auszuhalten. Außerhalb der Mahlzeiten wurde die Zellentür nur selten geöffnet. Die meiste Zeit waren wir uns allein überlassen.

Nach etwa einer Woche schrieb ich Rechtsanwalt Vogel an, mir in meiner Angelegenheit behilflich zu sein. Es hieß, er verhalf schon vielen Ausreisewilligen zur Übersiedlung in die Bundesrepublik.

Doch er lehnte ab und verwies auf andere Rechtsanwälte, die ihn vertreten. Mich erstaunte sein Briefpapier und die Schrift darauf. Bisher kannte ich nur mit Schreibmaschine fertiggestellte Schreiben. Dieses hatte damit überhaupt nichts gemeinsam. Es war stärker als normales Briefpapier, leicht eingefärbt und die Schrift war gestochen schaff, wie es heute bei Laserdruckern der Fall ist.

Da Vogel ablehnte, entschied ich mich für einen Rechtsanwalt aus Wittenberg. Dieser stellte im Juli einen Haftprüfungsantrag.

Der Brief von Bernd Böttcher

Beim Petersbergtreffen Ende Mai 1987 konnte ich nicht alles Informationsmaterial bekommen, was mir wichtig erschien. Durch den regen Zuspruch war nach kurzer Zeit vieles vergriffen. Material, was ich dennoch haben wollte, konnte ich mir zuschicken lassen.

Zu Hause konnte ich dann entscheiden, ob das Material für meine Zwecke brauchbar war. Die Adressen für Informationsmaterial bekam ich überall auf diesem Treffen. Darunter war auch die Adresse von Bernd Böttcher, den ich unmittelbar nach meiner Heimreise anschrieb. Er antwortete mir umgehend.

Lieber Michael,

anbei etwas Material zum Thema Kernkraft. Zum Umweltschutz allgemein haben wir im Moment nichts zu verschicken. Ausführliche und detaillierte Informationen hält das Forschungsheim Wittenberg, Mittelstraße 33, bereit. Besonders positiv wird von uns das dort herausgegebene Papier »Nicht das letzte Wort – Kernkraft in der Diskussion« von Joachim Krause bewertet.

Am 04.07.1987 ist in Berlin, Umweltbibliothek, Griebowstraße 16, ab 11.00 Uhr Treff des AK »Atomkraft – Alternativen« – Gäste sind immer willkommen!

12./13.03.1987 – Stendal, Domgemeinde, zentraler Treff in Sachen Kernkraft.

Ich lege noch einen Text (»Willenserklärung«) mit bei, dazu können Unterschriften gesammelt werden. Die Initiatoren stehen mit der Volkskammer in Kontakt.

Viele Grüße
(Unterschrift)
(Stempel von Bernd Böttcher)

Weiterhin hatte er mir zwei selbstgefertigte Tabellen »Woraus wird in der DDR Elektroenergie erzeugt?« und »Wie viel Energie brauchen wir?« kopiert und ein paar seiner Gedanken zum Thema Kernkraft-Ausstieg geschickt. Dazu ein Unterschriftenaufruf zum Ausstieg aus der Kernenergie, der sich auf Tschernobyl, wo sich ein Jahr zuvor, am 26. April 1986, die bis dahin schwerste Kernreaktorkatastrophe der Geschichte ereignete, bezog:

Willenserklärung:

Nach der Katastrophe von Tschernobyl hat sich die weltweite Diskussion um Alternativen zur Kernenergie verstärkt. Auf dem XI. Parteitag der SED wurde für unser Land eine erhebliche Steigerung der Kernenergie beschlossen. Wir sind beunruhigt über die Risiken und tödlichen Gefahren, die hieraus entstehen können, und sehen uns in unserer Mitverantwortung in besonderer Weise gefordert. Die Verfassung der DDR sieht im Artikel 21 und 53 die Möglichkeit der Volksabstimmung vor. Die Beschlußfassung darüber obliegt der Volkskammer. Zur Vorbereitung einer Volkskammerabstimmung sind eine breite Volksaussprache und die umfassende Information der Bevölkerung über die Vorzüge und Gefahren der Kernenergie unumgänglich. Im Ergebnis dieser Diskussion müßten neben bereits bestehenden auch alternative Konzepte zur Abstimmung vorliegen.

Ich unterstütze durch meine Unterschrift den Willen, daß die Volkskammer der DDR eine Volksabstimmung zum weiteren Umgang mit der Kernenergie veranlaßt.

* * *

Weiterhin lag ein Flugblatt diesem Brief bei, auf dessen Inhalt ich vorweg kurz eingehen möchte.

Zu den kirchlichen Passagen in diesem Schreiben kann man unterschiedlicher Auffassung sein, aber inhaltlich halte ich diese Aussagen heute noch für wichtig. Die Menschen machen mit ihrer Produziererei die Erde mehr und mehr kaputt. Sie beanspruchen für sich immer mehr Land, das sie den Tieren und Pflanzen wegnehmen. Vor einiger Zeit erzählte man im Radio begeistert, daß ein Fuchs am Brandenburger Tor gesichtet wurde. Sollte die Tatsache, daß Tiere gezwungen sind, in die Stadt zu kommen, weil ihr natürlicher Lebensraum durch den Menschen nahezu zerstört wurde, nicht eigentlich traurig machen?

Die Umwelt wird heute in einem Ausmaß geschädigt, wie ich es von früher her nicht kannte. Es werden diejenigen finanziell belohnt, die sich möglichst oft ein neues Auto kaufen, und diejenigen mit hohen Steuern bestraft, die ihr Auto effektiv bis zum letzten Tag nutzen. Man redet vom Umweltschutz, richtet aber überall rechts-vor-links-Regeln und Straßenhindernisse ein, damit Autos gezwungen werden, ständig anzuhalten und neu anzufahren. Was für ein Widerspruch!

Die Landluft stinkt immer öfter nach Gülle, was nicht nur das Grundwasser, sondern auch Pflanzen und Tiere schädigt. Die Süddeutsche Zeitung berichtete schon 2014 von der hohen Belastung unseres Trinkwassers, die bei Säuglingen Sauerstoffmangel, bei Erwachsenen Krebs hervorrufen können. Getan hat sich seitdem nichts. Es wird weiter gegüllt, der Rubel muß ja rollen.

Die Welt ist unsagbar laut geworden. Auch das zähle ich zur Umweltbelastung, denn es macht nicht nur die Menschen krank, sondern auch die Tiere. Eine Menge dieses Krachs müßte nicht sein. Zum Beispiel frage ich mich, warum Rettungswagen nachts um drei Uhr die Sirene genauso laut anhaben, wie tagsüber bei Straßenlärm.

Wittenberg hat etwa die Hälfte der Einwohner wie die Stadt, in der ich heute lebe. Wenn mal ein Krankenwagen mit Blaulicht durch die Straßen fuhr, war das ein besonderes Ereignis. Man blieb stehen, schaute dem Fahrzeug nach und fragte sich, was da wohl passiert sei. Heute hört man dieses Tatüüü-Tataaa den ganzen Tag über und sogar nachts mehrmals. Da frage ich mich, was der Grund dafür ist und ob das jedesmal *wirklich* sein muß.

In meiner Stadt werden immer mehr Bäume gefällt. Irgendwelche Gründe findet man dafür immer. Die Natur wird mit Windrädern verschandelt, die den Strom bis heute nicht billiger gemacht haben.

Insekten gibt es immer weniger. Früher sind einem beim Fahrradfahren ständig Insekten in den Mund geflogen, nach einer Autofahrt war die Frontscheibe voll davon. Das heutige Bienensterben gab es damals nicht.

In den Wäldern fanden wir Erdbeeren, Pilze, Heidelbeeren ... Warnungen, diese Köstlichkeiten nicht zu essen, waren vollkommen unbekannt.

Selbst das Wetter ist heute anders. Im Winter lag immer Schnee, und im Sommer war es heiß. Am 15. Mai öffneten die Badeanstalten, und meist konnten wir dann auch schon in das kalte Wasser springen. Regentage im Sommer dauerten meist nur einen Tag, dann wurde das Wetter wieder schön. Ich kann mich an keinen einzigen alten Menschen erinnern, der im Sommer heizte, weil es ihm zu kalt war. Heute erlebt meine Frau *genau das* immer wieder, wenn sie zu Kunden fährt.

Das alles soll nicht heißen, daß die DDR den Umweltschutz mehr achtete. In der DDR galten qualmende Fabrikschornsteine als fortschrittlich, und je mehr qualmten, desto besser fand es die Staatsführung. Auch wurde gebaut ohne Ende und so die Natur immer weiter verdrängt.

Leider wird der ganze Wahnsinn nicht gestoppt. Es wird immer mehr produziert, um das Wachstum anzukurbeln. Ich denke, das wird der Natur irgendwann das »Genick« brechen.

* * *

»MACHT WAS, LEUTE! / Denn die Träume verbrauchen sich / Wie andere Erregungen auch. / Selbst solche Hoffnungen, die / Gangbar sind / Nutzen sich wie / Schuhwerk ab! /« (R. Weisbach)

Teste Dich, inwieweit Du mit weniger Energie»verbrauch« leben kannst, ohne unzufrieden zu werden.

BEDENKE, Energie ist alles und in allem, nicht nur, was aus der Steckdose kommt oder im Ofen brennt, auch die Wurst, die Hose, das Buch...

Sollte Dir bei Deinem Versuch unwohl werden, dann guck mal in die Bibel. Hilft das nicht, dann lebe erst einmal so weiter, wie zuvor. Fühlst Du Dich aber besser, obwohl Du weniger verbrauchst, dann hast Du es auch nicht mehr nötig, einen Haufen Geld zu verdienen, mit dem Du nichts mehr anzufangen weißt.

BEDENKE, mit jeder Arbeit, die Du tust, zerstörst Du ein Stück Deiner Mitwelt und nimmst Deinen Enkeln wichtige Lebensgrundlagen.

Du könntest jetzt zu Deinem Chef gehen und ihm sagen: Ich will nicht mehr so viel arbeiten (produzieren), weil ich nicht mehr soviel verbrauche (konsumiere), das wäre doch logisch, oder?

BEDENKE, daß das Deinem Chef sicher nicht gefallen würde. Aber da mache Dir nichts draus. Er dient einem anderen Herrn und Du kannst beiden nicht gleichzeitig dienen.

Jetzt hättest Du eine Menge mehr freie Zeit. Habe keine Angst, daß es Dir langweilig werden könnte. Sicher hattest Du viel auf später verschoben, das alles kannst Du jetzt beginnen: Mehr für Dich, Deine Familie und anderen Menschen da sein, reisen, wandern, lesen, musizieren und Dich an der Vielfalt des Lebens erfreuen.

BEDENKE, einige würden Dich etwas schief und verständnislos angukken, aber das soll Dich nicht stören. Du schöpfst aus einer anderen Quelle.

Nun würde es Zeit werden, auch den großen weltlichen Herren zu sagen, wie Du lebst, daß sie keine Furcht vor Dir zu haben brauchen und, daß Du nur willst, daß es gerechter und vernünftiger zugeht. Sicher würden sie Dich als einen Dummkopf und Spinner abweisen, der von nichts etwas versteht, aber das soll Dich nicht einschüchtern. Sie sind oft verstockt und betäubt, hören und sehen nicht. Du brauchst jetzt viel Ausdauer und Geduld.

BEDENKE, wieviel Ausdauer und Geduld andere hatten, das wird Dir helfen. Fühle Dich aber nicht genötigt und unter Druck gesetzt, sondern tue es aus Freude und Befreiung heraus.

Du solltest jetzt noch mehr mit anderen darüber reden, was mit Dir geschehen ist, wie Du Dich dabei fühlst und wie die Welt neu eingerichtet werden müßte. Du wirst sicher oft verspottet werden, aber ganz gewiß auch neue Gefährten dabei finden. Dann müßtet Ihr zu den »Mächtigen«

gehen und ihnen sagen, daß Ihr mehr geworden seid und versuchen, sie abermals umzustimmen.

BEDENKT, daß sie irgendwann Angst vor Euch bekommen und wütend werden könnten, das ist normal und sollte Euch nicht abhalten, nehmen sie doch alles furchtbar persönlich, dabei geht es um viel, viel mehr.

Es kann kommen, daß Ihr manchmal nahe am Verzweifeln seid, weil nur noch so wenig Zeit zu sein scheint, und noch immer kein sichtbarer Erfolg. Aber tröstet Euch: Diese »Trübsal..., schafft eine ewige und über alle Maßen wichtige Herrlichkeit...«. Und gebt nicht auf, sondern geht und sucht mit Phantasie immer wieder nach neuen Möglichkeiten, daß Ihr nicht abkühlt und lau werdet...

»Und laßt Euch nicht immer wieder / Die Eckzähne wegfeilen / Und fertigt / Immer größere Entwürfe an / Und Baupläne / Immer bessere Welten / ALSO MACHT WAS, LEUTE !«

(innerkirchlich 25/87)

Dieses Flugblatt wanderte, mit allen anderen Schriftstücken von Bernd Böttcher, in meine Ablage. Ich hatte nicht vor, sie zu verwenden, denn sie waren für meine Ausreise nicht hilfreich.

Trotzdem war es mir peinlich, als der Vernehmer all das Material von Bernd Böttcher hervorholte. Ob Bernd Böttcher für seinen Einsatz gegen Kernkraft und wegen dem unerlaubten Kopieren seiner eigenen Schriftstücke jemals zur Verantwortung gezogen wurde, ist mir nicht bekannt.

Die dritte Vernehmung

Von den beiden Mitgefangenen wußte ich inzwischen, daß ich nicht der einzige war, der wegen öffentlicher Herabwürdigung angeklagt war, und ich mit einer Haftstrafe von etwas über einem Jahr zu rechnen hätte.

Bei dem Gedanken, wieder ins Gefängnis zu müssen, fühlte ich mich äußerst niedergeschlagen. Meine Hoffnung richtete ich nun darauf, in die Strafvollzugsanstalt Karl-Marx-Stadt zu kommen, um eventuell von dort aus nach Westdeutschland abgeschoben zu werden. Die Tatsache, nicht in einer normalen Untersuchungshaftanstalt zu sein, sondern in einer des MfS, machte mich zuversichtlich.

Und welchen Grund sollte der Staat noch haben, mich in der DDR zu halten? Nach meiner Entlassung müßte er sich um eine neue Wohnung und möglicherweise auch um eine Arbeitsstelle kümmern. Durch mögliche Demonstrativhandlungen und Republikflucht wäre ich weiterhin eine Gefahr.

Neun Tage später folgte die dritte Vernehmung. Mit diesem letzten Verhör wollte das MfS herausfinden, ob ich in der Zwischenzeit mürbe geworden bin.

Ich war froh, wieder etwas Bewegung in meine Angelegenheit zu sehen. Vernommen hatte mich wieder der Oberleutnant, der mich bereits bei der zweiten Vernehmung verhört hatte. Auch diese Vernehmung verlief wie die beiden vorherigen: Der Vernehmer stellte seine Fragen, und tippte die zusammengefaßten Antworten mit seinen eigenen Worten ins Protokoll. Wie die anderen Vernehmungen auch, glich auch diese eher einer Unterhaltung, statt, wie die Protokolle vermuten lassen, einem bloßen Austausch von Fragen und Antworten.

Halle, den 17.07.1987
Beginn: 09.00 Uhr
Ende: 10.30 Uhr
2 Exemplare/2 Ausfertigungen

Vernehmungsprotokoll

des Beschuldigten
MÖHRING, Michael
PKZ[38]: 09128410623
weitere Personalien bekannt

Protokollvermerk: Dem Beschuldigten wurde mitgeteilt, daß gemäß § 106 StPO zusätzlich zum Protokoll eine Schallaufzeichnung gefertigt wird.

Frage: Sie erhalten am heutigen Tage die Gelegenheit, sich nochmals zu der gegen Sie vorgebrachten Beschuldigung zu äußern und werden hiermit dazu aufgefordert!

Antwort: Ich kann bezüglich meiner Beschuldigung, die in meiner ersten Vernehmung gegen mich vorgebracht wurde, eigentlich nichts Neues sagen. Ich bin aber bereit, anhand meines der Beschuldigung zugrundeliegenden Schreibens vom 08.06.1987, das ich an den Rat des Kreises Wittenberg geschickt habe, nochmals wahrheitsgemäß auszusagen.

Frage: Ihnen wird hiermit ein dem Untersuchungsorgan des MfS durch den Rat des Kreises Wittenberg, Abteilung Innere Angelegenheiten, übergebenes Schreiben vom 08.06.1987 vorgelegt. Äußern Sie sich dazu!

Antwort: Ich habe mir das vorgelegte Schreiben durchgelesen und möchte dazu sagen, daß es sich dabei um das Schreiben handelt, welches mir in meiner ersten Vernehmung vorgelegt wurde. Ich habe dieses Schreiben selbst verfaßt und auch selbst an die Abteilung Innere Angelegenheiten des Rates des Kreises Wittenberg abgeschickt.

---

[38] Personenkennzahl

Frage: Unter welchen Umständen stellten sie dieses Schreiben her?

Antwort: Ich habe dazu bereits in meiner ersten Vernehmung ausgesagt, daß ich zu Hause gesessen und gewartet habe, daß die staatlichen Organe der DDR auf meine zahlreichen Ausreiseanträge reagieren, wobei für mich nur eine Genehmigung der Ausreise in Frage kam. Da erfuhr ich von den Ereignissen in Berlin. Darüber war ich entsetzt, daß die Polizei in der Form gegen Menschen, die sich an der Berliner »Mauer« versammelt hatten, vorging. Ich nahm das zum Anlaß, um wieder einen Ausreiseantrag zu fertigen und gab diesem letztendlich den mir vorgelegten Inhalt.

Frage: Aus welchem Grund gaben Sie dem Ihnen als Beweismittel vorgelegten Schreiben vom 08.06.1987 diesen, die staatliche und gesellschaftliche Ordnung verächtlich machenden Inhalt?

Antwort: Es war meine Absicht, dadurch endlich Bewegung in die Bearbeitung meines Ausreiseantrages durch den Rat des Kreises, Abteilung Innere Angelegenheiten, zu bringen. Bei der Abteilung Inneres wurde mit mir nur immer wieder geredet, was darauf hinauslief, daß ich meinen Antrag zurückziehen sollte. Für mich kommt aber nur die Genehmigung in Frage. Deshalb schrieb ich eben, daß ich gegen das Eingreifen der Polizei der DDR auf harmlose, unbewaffnete Jugendliche, die lediglich ihr Recht auf Freiheit und ein Leben ohne diese »menschenverachtende Mauer« kundtaten, bin. Ich verurteile diese »Ostberliner Mauer« und das wollte ich mit diesem Schreiben deutlich machen. Das war ja schließlich ein weiterer Grund, weshalb ich die DDR verlassen will.

Frage: Was wollten Sie mit diesem Schreiben erreichen?

Antwort: Wie ich schon gesagt habe, wollte ich, daß die Mitarbeiter der Abteilung Innere Angelegenheiten meine ablehnende Meinung gegen diese Grenze in Berlin auch kennen und dies dazu beitragen würde, daß sie mir doch möglichst bald die Genehmigung zur Ausreise erteilen.

Frage: Wie brachten Sie dieses Schreiben an den Rat des Kreises Wittenberg, Abteilung Innere Angelegenheiten, zum Versand?

Antwort: Nachdem ich das Schreiben fertiggestellt hatte, beschriftete ich einen Briefumschlag mit der Anschrift des Rates des Kreises Wittenberg,

Abteilung Innere Angelegenheiten, und steckte den Brief noch am 08.06.1987, oder am 09.06.1987, genau weiß ich das nicht mehr, in der Nähe meines Wohnortes in einen Briefkasten.

Frage: Haben Sie zu Ihren bisherigen Aussagen Ergänzungen vorzubringen?

Antwort: Ich möchte dazu sagen, daß ich fest entschlossen bin, in die BRD zu gelangen und dazu sollten meine hier dargelegten Handlungen beitragen.

Ich habe das Vernehmungsprotokoll selbst gelesen. Sein Inhalt entspricht in allen Teilen den von mir gemachten Aussagen. Meine Worte sind darin richtig wiedergegeben. Das bestätige ich mit meiner Unterschrift.

(Unterschrift)
Michael MÖHRING

(Unterschrift)
Oberleutnant

Protokollvermerk: Der Beschuldigte verzichtet auf das Anhören der Schallaufzeichnung.

(Unterschrift)
Michael MÖHRING

(Unterschrift)
Oberleutnant

Im Anschluß unterschrieb ich auf Nachfrage des Oberleutnants eine Erklärung, daß ich auf Besuch während meiner Untersuchungshaft verzichte. Ein Besuch von Martina war nicht nötig. Außerdem wäre es zu umständlich für sie gewesen, mich zu besuchen. Die Fahrt mit dem Zug hätte den ganzen Tag in Anspruch genommen und hätte ihr einen Tag Urlaub gekostet.

Die Kollegen wurden befragt

In der Hufeland-Klinik beriet das Personal zwischenzeitlich über die Fortsetzung meines Arbeitsverhältnisses. Das MfS legte mir das nachfolgende Protokoll vor und ließ sich die Kenntnisnahme von mir bestätigen. Dabei legten sie besonderen Wert darauf mir mitzuteilen, daß eine Weiterbeschäftigung in der Hufeland-Klinik nach meiner Entlassung möglich wäre.

Falls ich den Ausreiseantrag zurückziehen würde, könnte also alles wieder »gut« werden. Ich könnte dort weitermachen, wo ich aufgehört hatte.

Dabei schien der Staatssicherheit überhaupt nicht in den Sinn zu kommen, welche Schmach sie mir gerade antaten. Ich sollte alles schlucken und nach dem Gefängnisaufenthalt so tun, als wäre nichts geschehen. Das wollte und konnte ich nicht! Was das MfS mir antat, stand in keinem Vergleich zu meinen beiden Wörtern, die ich am 08. Juni 1987 in meinem Ausreiseantrag geschrieben hatte. Zählt denn das menschliche Gefühl nichts? Zählt nur das, was dem Staat mißfiel, der es dann aufbauschte, als hätte ich die Welt zum Untergang bringen wollen?

Ich wurde mitten aus meinem Leben gerissen, wurde in der Untersuchungshaft entwürdigt, mein privater Lebensraum wurde von wildfremden Menschen durchwühlt, ich mußte mich an erniedrigende Vorschriften halten, der Kontakt zu den meisten meiner Angehörigen und zu all meinen Bekannten war mir verboten und meine Kollegen wurden zu Stellungnahmen genötigt. Wie stand das alles im Verhältnis zu meinen zwei Worten, bei denen sich die Staatsmacht auf den Schlips getreten fühlte?

Wittenberg, den 21.07.1987

Hufelandklinik
4600 Wittenberg
Puschkinstraße 7
Tel.: 2117, 2118

Protokoll

Über die am 21.07.1987 gem. § 102 Abs. 3 StPO[xvii] durchgeführte Beratung des Kollektivs Hufeland-Klinik Wittenberg zum Verdacht der Straftat des Beschuldigten

Möhring, Michael
geb. am 08.12.1958

Anzahl der Teilnehmer: 5

Vom Kollektiv wird gem. §53 StPO[xviii] als Vertreter zur gerichtlichen Hauptverhandlung benannt: Christa Richter

Zusammenfassendes Ergebnis der Beratung zur Person des Beschuldigten und seine Stellung im Kollektiv, Hinweise zur Aufklärung der Straftat, deren Ursachen und begünstigenden Bedingungen und Stellung des Kollektivs zur Straftat.

Diese Zusammenfassung wird auf einem gesonderten Blatt mit diesem Protokoll an den Staatsanwalt übergeben.

(Unterschrift: Christa Richter)
Unterschrift des Leiters des Kollektivs

Durch die Anwesenden wurde die über den Beschuldigten in der betrieblichen Beurteilung vom 02.07.1987 getroffene Einschätzung für objektiv und richtig befunden. Bekräftigend wurde nochmals hervorgehoben, daß der Beschuldigte zu Beginn seiner Tätigkeit bemüht war, sich entsprechende Fachkenntnisse anzueignen. Zum Zeitpunkt seiner Ehescheidung, so die Einschätzung der Anwesenden, kam es jedoch zu einem Bruch im Verhalten des Beschuldigten. Nicht erfüllte Hoffnungen des Beschuldigten sieht das Kollektiv als ursächlich für sein späteres Verhalten und seinen

Antrag auf Übersiedlung nach der BRD an. In persönlichen Gesprächen mit Kolleginnen und Kollegen brachte der Beschuldigte seine Vorstellungen über ein Leben in der BRD vor. In diesem Zusammenhang äußerte er, daß er in der BRD als Gitarrenlehrer arbeiten wollte.

Die Teilnehmer an der Aussprache brachten zum Ausdruck, daß sie vom Antrag des Beschuldigten auf Übersiedlung nach der BRD schockiert waren, und daß sie das strafbare Handeln des Beschuldigten verurteilen. Das Kollektiv erklärte sich jedoch bereit, den Beschuldigten wieder aufzunehmen.

Im Ergebnis der Aussprache wurde die Stationsschwester

Christa Richter

als Vertreter des Kollektivs zur Teilnahme an der zu erwartenden gerichtlichen Verhandlung benannt.

(Untersachrift: Christa Richter)
Kollektivvertreter

(Unterschrift)
Untersuchungsführer

Handschriftlich von mir: *Zur Kenntnis erhalten am 30.07.1987* (meine Unterschrift)

Anwesenheitsliste

Geinitz, Hans Werner, Arzt
Schönefeld, Petra, Krankenschwester
Möbius, Beate, Krankenschwester
Richter, Christa, Stationsschwester
Bornemann, Margitta, Kaderleiterin

Verdacht bedeutet Schuld

Meine Kollegen verurteilten also »das strafbare Handeln« von mir, wie das 1977 auch die Mitarbeiter des VEB Baukombinat Stendal taten, noch bevor ein Richter meine Schuld festgestellt hatte. Allein die Anschuldigung eines Staatsanwaltes reichten meinen Kollegen – zumindest offiziell – aus, um sich eine Meinung über den Vorfall zu bilden. Meine Sicht der Dinge interessierte die Kollegen noch nicht einmal ansatzweise, um zu einem Urteil zu kommen.

Als ich meine Unterschrift unter dieses Protokoll setzte, war mir klar, wie unsinnig es doch anfangs war, anzunehmen, ich könnte die Verhaftung vor den Kollegen geheimhalten. Eigentlich war es selbstverständlich, daß neben meiner Wohnung auch der Spind in der Klinik durchsucht werden würde, jedoch kam mir das bei der Verhaftung nicht in den Sinn.

Die Stationsschwester Christa Richter war, wie ich später erfahren sollte, neben der Chefärztin, welche unter dem Decknamen »Ullrich« als Kontaktperson des MfS diente, die einzige, die wirklich gegen meine Übersiedlung war. Als Kollektivvertreterin vor Gericht war sie daher denkbar ungeeignet für mich.

Trotzdem erleichterte es mich, daß ich gegebenenfalls nach meiner Haftentlassung dort weiterarbeiten konnte. Es gab wesentlich unangenehmere Jobs, zu denen ich hätte verpflichtet werden können. Zwar verdrehte ich die Augen, als ich im Protokoll die Wörter »schockiert« und »verurteilt« las, doch mir waren die Phrasen bekannt, die in derartigen Berichten vorzukommen hatten. Und meine Kollegen hatten anscheinend kein Problem damit, diese Worte auch staatstreu als *ihre* Ansicht zu verwenden.

Die Arbeit in der Hufeland-Klinik war bisher die einzige Anstellung, die mir wirklich Spaß machte. Das Gehalt war zwar niedrig, weil ich keinen medizinischen Abschluß vorweisen konnte, doch verdiente ich mir als Gitarrenlehrer etwas Geld hinzu. Die Tochter der Chefsekretärin, die ebenfalls einen Ausreiseantrag gestellt hatte, und der ältere Sohn der Chefärztin zählten damals zu meinen Schülern.

Halle, 22.07.1987

V e r m e r k

über die Einsichtnahme in die bei der Abteilung Innere Angelegenheiten des Rates des Kreises Wittenberg über den Übersiedlungsersuchenden Michael MÖHRING vorhandenen Unterlagen

Aus den zur Einsichtnahme vorliegenden Unterlagen des genannten staatlichen Organs geht hervor, daß der Beschuldigte MÖHRING mit Datum vom 28.12.1978 erstmals ein Ersuchen auf Wohnsitzänderung nach der BRD stellte, was er mit einer angeblichen Perspektivlosigkeit in der DDR auf Grund seiner Vorstrafen begründete.

Im Ergebnis gezielter Rückgewinnungsgespräche durch Mitarbeiter der Abteilung Innere Angelegenheiten, zog er am 18.04.1980 sein Ersuchen zurück.

Bereits am 24.08.1980 stellte der Beschuldigte MÖHRING erneut ein Ersuchen auf Wohnsitzänderung nach der BRD, obwohl ihm, wie aus den Unterlagen der Abteilung Innere Angelegenheiten hervorgeht, seitens der staatlichen Organe der DDR entsprechende berufliche Qualifizierungsmöglichkeiten eingeräumt wurden.

Mit Datum vom 12.01.1981 zog der Beschuldigte MÖHRING sein Ersuchen zurück.

Seit dem 01.03.1987 ist er erneut Ersuchender auf Wohnsitzänderung nach der BRD. Dieses Ersuchen begründet er damit, mit den »wirtschaftlichen, gesetzlichen und politischen Verhältnissen in der DDR« nicht einverstanden zu sein.

Auf wiederholt mit ihm geführten Aussprachen seitens der Abteilung Innere Angelegenheiten des Rates des Kreises Wittenberg, reagierte er mit fünf weiteren Schreiben, in denen er auf seinem Vorhaben beharrt.

Mit Datum vom 08.06.1987 verbreitete der Beschuldigte MÖHRING ein Schreiben mit die staatliche Ordnung in der DDR verächtlich machendem

Inhalt an den Rat des Kreises Wittenberg, Abteilung Innere Angelegenheiten. Dieses Schreiben liegt im Ermittlungsverfahren als Beweismittel vor.

(Unterschrift)
Müller
Oberleutnant

Die falschen Motive

Aus heutiger Sicht kann ich es kaum verstehen, warum ich nie den wahren Grund für meinen Übersiedlungswunsch angab. Der Grund lag nicht hauptsächlich an den wirtschaftlichen oder politischen Verhältnissen in der DDR. Das war 1976 vielleicht ein bißchen der Fall, aber vielmehr war es damals Neugier auf den Westen, so wie jeder junge Mensch neugierig auf die Welt ist.

Erst als ich das wahre Gesicht des Staates kennengelernt hatte, änderte sich meine Einstellung zur DDR radikal. Täglich erinnerte ich mich an die schlimme Zeit im Gefängnis und sah die Folgen der Haft an meinem verstümmelten linken Zeigefinger. Immer wieder hatte ich Alpträume, die mir wieder eine Zeit im Gefängnis zeigten. Durch die Verhaftungen war eine immerwährende Angst in mir, in der DDR nicht sicher sein zu können. Unaufhörlich hatte ich das Gefühl, ganz plötzlich aus meinem Umfeld gerissen und wieder hinter Gittern gesteckt zu werden.

Doch warum gab ich diese Argumente nicht einfach als Grund für meinen Ausreisewillen an? Warum schob ich immer politische Motive vor? Den Behörden wäre mit der wahren Begründung aller Wind aus den Segeln genommen worden.

Die Antwort liegt wohl darin, daß ich in der damaligen Zeit viel zu unerfahren war. Ich war schüchtern, in politischen Sachen auf mich allein gestellt und hatte bei Diskussionen mit der Staatsmacht sprachlich geschulte Personen vor mir. Doch gerade das sollte Grund genug gewesen sein, nur meine persönlichen negativen Erfahrungen mit der DDR als Grund für meinen Ausreisewillen anzugeben. Denn wirtschaftliche, gesetzliche oder politische Argumente zogen bei der Abteilung Innere Angelegenheiten als Ausreisegrund überhaupt nicht.

Die Fotos von meiner Verhaftung, die ich heute in den Unterlagen des MfS sehen kann, zeigen mich mit gesenktem Kopf und eingeschüchtertem Blick. Mit so einer Haltung *konnte* ich nicht gewinnen. Wirkliches Selbstbewußtsein habe ich erst nach meiner Übersiedlung in die Bundesrepublik Deutschland bekommen.

In der DDR war die Erziehung darauf ausgerichtet, die eigene Meinung zu unterdrücken, sofern sie nicht staatskonform war.

So etwas prägt.

Es gibt Tage, da wünsche ich mir, ich könnte heute noch einmal eine Diskussion mit den Mitarbeitern von der Abteilung Innere Angelegenheiten oder den Leuten von der Staatssicherheit führen.

Musikalische Ausbildung

In den Protokollen der Abteilung Innere Angelegenheiten wird von »Rückgewinnungsgesprächen« gesprochen, oder von »Angeboten zur beruflichen Qualifizierung«. Das mag sich nett anhören, die Wirklichkeit war jedoch nicht so einfach. Diese beruflichen Qualifizierungen waren an Bedingungen geknüpft, die ich nicht erfüllen wollte. Den Schulabschluß der 10. Klasse nachzuholen bedeutete nicht nur, in allen Fächern noch einmal geprüft zu werden, sondern auch, mich noch einmal politisch schulen zu lassen.

Schon als junger Mensch wollte ich mich nicht politisch anpassen. Mich nervte es, wenn wir Lieder sangen, wo es in Liedzeilen hieß: »Wenn ich sterbe, o ihr Genossen ...«, »Es steht ein Mann so fest wie eine Eiche. ... vielleicht ist er schon morgen eine Leiche ...« oder »Auf auf zum Kampf, zum Kampf sind wir geboren ...« Auch die Gedichte waren nicht besser, und schon gar nicht die Pflichtliteratur.

Eine Wiederholung der Prüfungen der 10. Klasse mag vor der Gefängniszeit noch kein Thema gewesen sein, doch nun standen meine Erfahrungen im krassen Widerspruch zu dem, was die Lehrer, die weit weniger Erfahrungen als ich in der DDR gesammelt hatten, mir hätten einreden wollen. Der Schulstoff wäre zu einem großen Teil politischer Bildung im Sinne des Systems der DDR gewesen, die mit meinen Erfahrungen im krassen Widerspruch gestanden hätten. Weder im Unterricht noch bei Prüfungen hätte ich nachplappern können, wie human und gerecht es doch in unserem Staat DDR zuging. Mein Wissen über die Schattenseiten war zu groß, und Erfahrungen können nicht einfach weggewischt oder unterdrückt werden.

Doch genau das war zur Erreichung eines Schulabschlusses notwendig. Ich hätte mich selbst verleugnen müssen, und das wollte und konnte ich nicht.

Das bedeutete jedoch nicht, daß ich völlig ohne Ausbildung dastand. In Wittenberg hatte ich, noch bevor ich meine Tätigkeit in der Hufeland-Klinik begann, einige Jahre auf eigene Kosten die staatliche Musikschule besucht, bekam dort mein Abschlußzeugnis und spielte, trotz der Behinderung mit dem linken Zeigefinger, recht anständig klassische Gitarre. Anschließend meldete ich mich am Konservatorium in Halle an und wurde aufgenommen. Wie es anfangs schien, stand einer Laufbahn als Berufsmusiker nun nichts mehr im Wege.

Doch es war anders gekommen.

Ein Brief meiner Eltern

Mehrmals beantragte ich, meiner Verwandtschaft schreiben zu dürfen, doch es wurde jedes Mal abgelehnt.

Meine Eltern wohnten noch immer im 150 Kilometer entfernten Klötze. Als ich mich längere Zeit nicht meldete, schrieben sie meiner geschiedenen Frau und fragten nach dem Grund. Martina teilte ihnen mit, daß ich ihnen nicht schreiben durfte und unterrichtete sie darüber, in welcher Situation ich mich befand.

Den Grund meiner Verhaftung konnte sie ihnen nicht mitteilen, denn den kannte sie selbst nicht. In meinen Briefen konnte ich ihr nichts darüber schreiben, und die Untersuchungsorgane gaben diesbezüglich keine Auskunft.

Klötze, den 29.07.1987

Ingeburg und Eberhard Barth
Waldstraße 12
Klötze
3580

UHA Halle
z. Hd. des Direktors
Kirchtor 20a
Halle

Untersuchungshaft unseres Sohnes Michael Möhring, geb. 08.12.1958

Wir erfuhren erst heute, daß sich unser Sohn Michael Möhring in der Untersuchungshaftanstalt Halle befindet. Nähere Umstände sind uns nicht bekannt. Bitte beantworten Sie uns folgende Fragen:

Welches Vergehen wird Michael vorgeworfen?

Kann er Post empfangen bzw. uns schreiben?

Besteht Besuchserlaubnis? Wenn ja, in welchem Zeitraum und wann; wo muß beantragt werden?

Ist ein Rechtsanwalt eingesetzt worden? Wenn ja, teilen Sie uns bitte die Adresse mit.

Wenn Sie diese Fragen nicht beantworten können, wären wir Ihnen sehr verbunden, wenn Sie unser Schreiben an die zuständige Staatsanwaltschaft weiterleiten würden.

Für eine baldige Rückantwort bedanken wir uns im voraus.

Ingeburg und Eberhard Barth
(Unterschriften)

Wieder meinte es das Schicksal gut mit mir

Am Morgen des 30. Juli 1987 wurde ich erneut aus der Zelle geholt und in den Trakt des Gebäudes gebracht, wo bisher meine Vernehmungen stattfanden, allerdings in einen anderen Raum. Er war sehr klein, hatte einen Tisch, an dem davor und dahinter ein Stuhl stand und worauf einige Schriftstücke lagen, ein Fenster, durch das ich nicht hinaussehen konnte und einen Schrank an der Wand.

Ein junger Offizier in Zivil wanderte im Zimmer umher und gab mir, nachdem ich mich gesetzt hatte, einige Blatt Papier und einen Bleistift und teilte mir mit, daß er nun einen Text vorlesen wird, den ich mitzuschreiben habe. Auf meine Frage, warum ich das tun sollte, antwortete er mir, es würde sich hierbei um eine Schriftprobe handeln.

Der Mann war kaum älter als ich, und hatte zweifellos eine glänzende Karriere vor sich. Zwar war er höflich zu mir, doch spürte ich seine Boshaftigkeit, als ich sah, wie er es genoß, mir den folgenden Text zu diktieren. Er blieb die gesamte Zeit dabei stehen und las von einem Blatt Papier ab, das er in der Hand hielt.

In der Regel fällt es mir nicht schwer, meine eigene Handschrift zu lesen. Doch als ich den folgenden Text für dieses Buch abschrieb, hatte ich erhebliche Schwierigkeiten, ihn zu entziffern. Um mich gegen diese Schikane wenigstens ein bißchen zu wehren, hatte ich damals viele Wörter einfach abgekürzt, und hier und da ersetzte eine Wellenlinie eine ganze Buchstabenreihe. Je mehr mir diktiert wurde und je mehr ich begriff, wohin die Reise ging, desto mehr ging meine Handschrift in Kritzelei über.

Unter großer Mühe gelang es mir jedoch, bis auf wenige kleine Stellen, diesen Text zu rekonstruieren.

Halle, den 30.07.1987

Seit der Großen Sozialistischen Oktoberrevolution im Jahre 1917 sind von der Sowjetunion die stärksten Impulse für den wirtschaftlichen Fortschritt in allen Teilen der Welt ausgegangen. Über mehr als sechs Jahrzehnte hinweg hat sich die Sowjetmacht als Träger und Gestalter des leninschen Ideenguts, ·als Schöpfer und Bahnbrecher des sozialistischen Entwicklungsweges, im entscheidenden Maße auf die soziale, politische und ideologische Entwicklung aller Völker ausgewirkt. Dieser revolutionäre Einfluß, den die UdSSR auf ihre Umwelt ausübt, hat insbesondere seit der Entstehung des sozialistischen Weltsystems, ständig an Intensität zugenommen. Wer heute zu klaren Erkenntnissen über die grundlegenden Entwicklungsprozesse unserer Epoche, über das Kräfteverhältnis der Klassen auf internationaler Ebene, über Charakter und Verlauf der Auseinandersetzungen zwischen Weltsystemen des Sozialismus und Kapitalismus gelangen will, wird notwendigerweise den Faktor der UdSSR im gebührenden Maße in seine Betrachtungen und Überlegungen einbeziehen. Er wird demzufolge dazu bemüht sein, sich entsprechende Kenntnisse über den geschichtlichen Werdegang, die Gesellschafts- und Staatsordnung, die Wirtschaftsstruktur, die Lebensverhältnisse der Bevölkerung ebenso wie über die Grundlage der Außenpolitik der UdSSR anzueignen.

Die Kommunistische Partei der Sowjetunion ist vom großen Lenin gegründet und erzogen worden. Sie hat einen historischen Weg zurückgelegt, wie keine andere politische Partei der Welt. Das war ein Weg heldenhaften Kampfes, schwerer Prüfungen und welthistorischer Siege der Arbeiterklasse des Sozialismus und Kommunismus. Über die Jahrhundertwende betrat die Partei die Bühne der Geschichte und führte die Arbeiterklasse und die Bauernschaft kühn in den Kampf gegen die zaristische Selbstherrschaft und den russischen Kapitalismus. Das war auch ein Kampf gegen den Weltimperialismus. Rußland wurde zur Zentrale der internationalen Bewegung. Die Partei hat die Arbeiterklasse und die großen Massen der Bauernschaft Rußlands mit den Ideen des Marxismus-Leninismus ausgestattet, und dadurch den Sieg des Volkes über Zarismus und Bourgeoisie gesichert.

Fragen zu meiner Ausreise oder dem Ausreiseantrag vom 08. Juni 1987 wurden mir an diesem Tag nicht gestellt. Dem Vernehmer war nur die »Schriftprobe« wichtig, obwohl es ihm scheinbar nicht interessierte, welche Kritzelei ich abgeliefert hatte. Er überflog das Blatt, legte es auf den Tisch und fragte mich: »Was gefällt Ihnen denn nicht in der DDR?«

Es hatte den Eindruck, als wolle er ein zwangloses Gespräch beginnen. Noch immer stand er in der Nähe des Fensters.

»Ich will hier einfach nicht mehr leben. Das muß man doch anhand meiner Verurteilungen bereits festgestellt haben.«

»Man kann auch in der DDR gut leben, wenn man nur will. Glauben Sie mir, es geht hier humaner zu, als im Westen, wo Sie hinwollen.«

»Die DDR ist *humaner* als der Westen? Sie wissen aber schon, daß die DDR immer noch an der Todesstrafe festhält, die im Westen Deutschlands bereits seit Ende des Krieges abgeschafft wurde?«

Ich wußte, das war ein schwerwiegendes Argument. Mir fiel auf Anhieb nichts ein, wie er das entkräften konnte und freute mich auf einen Punktsieg.

»Die Todesstrafe gibt es in der DDR nicht mehr«, war seine Antwort. »Gerade hat der Staatsrat der Deutschen Demokratischen Republik die Abschaffung der Todesstrafe beschlossen. Und da sagen Sie, die DDR ist kein humaner Staat?«

»Und das soll ich Ihnen jetzt glauben?«

Er nahm eine Zeitung in die Hand, die die ganze Zeit auf dem Tisch lag, mir aber nicht aufgefallen war, und zeigte mir das Titelbild, wo es groß geschrieben stand.

Er fuhr fort: »Und das ist noch nicht einmal alles, was der Staatsrat beschlossen hat. Es wurde auch eine Amnestie für Straftäter wie Sie verkündet.«

Ich glaubte meinen Ohren nicht trauen zu können, aber es stand tatsächlich auf dem Titelblatt. »Eine Amnestie?« Das Thema Todesstrafe interessierte mich jetzt nicht mehr. »Ich komme hier raus? Ist das Ihr Ernst? Wann?«

»In den nächsten Monaten wird mit den Entlassungen begonnen.«

Ich war immer noch ungläubig. »Und das betrifft auch *mich*? Ich bin doch noch gar nicht verurteilt!«

»Die Amnestie trifft auf alle zu, die derzeit in Haft sind. Also auch für Sie.«

Er wußte, er hatte mir in diesem Moment allen Wind aus den Segeln genommen und sonnte sich darin, die DDR als guten und gerechten Staat hinstellen zu können.

»Also werde ich gar nicht verurteilt, sondern komme einfach so hier raus?«, fragte ich.

Sollte ich wirklich zweimal ein derartiges Glück haben? In diesem Moment war es mir nicht mehr wichtig, nach einer langen Gefängnisstrafe über Karl-Marx-Stadt abgeschoben zu werden, wenn es bedeuten würde, ich komme erst einmal aus diesem Loch heraus und müßte nicht ins Gefängnis.

»Die Amnestie bedeutet nicht, daß Sie für Ihre Straftat nicht verurteilt werden. Bevor Sie nicht von einem Gericht verurteilt wurden, werden Sie auch nicht entlassen.«

»Also bekomme ich erst ein Urteil, obwohl der Richter weiß, daß ich kurz darauf entlassen werde?«

»Genauso sieht es aus.«

Ich war erleichtert. Mit ein bißchen Glück brauchte ich nicht in den Strafvollzug, oder die Zeit dort würde nur kurz sein. Das zweite Mal schon sollte ich in dieser Beziehung Glück haben.

Bei der ersten Amnestie blieben mir ein Jahr und drei Monate Haft erspart.

Schlußbericht der Staatssicherheit

Die Vernehmungen schienen abgeschlossen zu sein, und so wartete ich darauf, vor Gericht gestellt zu werden. Wie sehr bald zu hören war, würden sich die Entlassungen infolge der Amnestie bis Mitte Dezember 1987 hinziehen. Es war fast August, und so war es ziemlich sicher, noch einmal ins Gefängnis zu müssen.

Während der Zeit in der Untersuchungshaftanstalt des MfS wurde ich nur zweimal zu anderen Gefangenen verlegt, einmal davon auf eigenen Wunsch, weil mir ein Mithäftling zu stark rauchte. Somit waren die Verlegungen nicht so häufig, wie es in normalen Untersuchungshaftanstalten der Fall war.

Während der Zeit der Untersuchungshaft ging ich nicht zum Friseur, und nach einiger Zeit rasierte ich mich nicht mehr. Keinem meiner Bewacher schien das zu stören. Die Wärter in der Untersuchungshaft der Staatssicherheit machten weit weniger Ärger. Es war ihnen egal, ob wir tagsüber auf den Betten lagen.

Ich kann mich nur an einen Fall erinnern, als ein Wärter uns mit scharfen Worten zu verstehen gab, er wolle nicht von Menschen wie uns mit

»Genosse Wärter« angesprochen werden. Damit war allerdings zu rechnen, und wir sagten es auch nur zu unserem Vergnügen und lachten hinterher köstlich über seine Empörung.

Halle, den 31.07.1987
Tgb.-Nr. 2847/87
5 Exemplare

S c h l u ß b e r i c h t

Der Beschuldigte

M ö h r i n g, Michael
[...]
lt. Strafregisterauszug vom 14.07.1987 kein Strafvermerk

in dieser Sache seit dem 02.07.1987 in Untersuchungshaft, Untersuchungshaftanstalt Halle, Am Kirchtor 20a

Verteidiger: Rechtsanwalt W. Gäbler, 4600 Wittenberg, Rosa-Luxemburg-Str. 6

ist hinreichend verdächtig, öffentliche Herabwürdigung begangen zu haben, indem er in dem mit Datum vom 08.06.1987 von ihm an den Rat des Kreises Wittenberg, Abteilung Innere Angelegenheiten, verbreiteten handschriftlich gefertigten Schreiben die Maßnahmen zum Schutze der Staatsgrenze der DDR zu Berlin (West) verächtlich machte.

strafbar gemäß: § 220 Absatz 2 StGB

Wesentliches Ermittlungsergebnis:

[hier folgen zunächst Angaben zu meinen früheren Verurteilungen]

Vom 20.02.1985 bis zuletzt war der Beschuldigte MÖHRING als pflegerische Hilfskraft in der Hufeland-Klinik in Wittenberg beschäftigt.

Wie aus der über ihn vorliegenden Beurteilung von dieser Einrichtung vom 02.07.1987 hervorgeht, löste er die ihm übertragenen Aufgaben umsichtig, interessiert und zuverlässig. Weiter geht daraus hervor, daß im Arbeitsverhalten des Beschuldigten seit dessen Ehescheidung ein deutlicher Abfall zu verzeichnen war, und er seit dem vorherige Leistungen nicht mehr erreichte.

Diese Einschätzung wurde auch in der am 21.07.1987 durchgeführten Kollektivaussprache getroffen, in deren Ergebnis die Stationsschwester

R i c h t e r, Christa
geb. am 17.12.1940 in Wittenberg
wh.: 4600 Wittenberg, Südstraße 29

als Kollektivvertreter für die zu erwartende gerichtliche Hauptverhandlung benannt wurde.

[hier folgen Angaben zu meinem früheren Leben, die dem Leser bekannt sind, und einige Absätze zur derzeitigen Anschuldigung]

Da hinreichende Verdachtsgründe vorliegen und die Tat, die den Gegenstand des Verfahrens bildet, mit Haftstrafe bedroht und eine Strafe mit Freiheitsentzug zu erwarten, sowie die Untersuchungshaft zur Durchführung des Strafverfahrens unumgänglich ist, macht sich gemäß §§ 122 Absatz 1 Ziffer 4, 123 StPO Haftfortdauer für den Beschuldigten MÖHRING erforderlich.
[…]

Weil die staatlichen Organe der DDR auf die vom Beschuldigten MÖHRING versandten Schreiben nicht, wie von ihm beabsichtigt, mit einer Genehmigung des Ersuchens reagierten, entschloß sich der Beschuldigte dazu, sein Vorgehen zur Durchsetzung der angestrebten Übersiedlung nach der BRD zu eskalieren.

Am 08.06.1987 erfuhr er aus den Nachrichtensendungen des Rundfunks und des Fernsehens der BRD, daß die Deutsche Volkspolizei in der Hauptstadt der DDR, Berlin, gegen Jugendliche vorgegangen sei, die sich an der Staatsgrenze zu Berlin (West) im Zusammenhang mit einem von Berlin (West) ausgestrahlten Rock-Konzert versammelt hatten.

Dabei wurde das zum Teil provozierende und die Ordnung und Sicherheit an der Staatsgrenze gefährdende Auftreten mehrerer Jugendlicher durch diese Medien heruntergespielt, und das zum Schutz der Staatsgrenze zu Berlin (West) erforderliche Eingreifen von Angehörigen der Deutschen Volkspolizei und anderer Sicherheitskräfte diffamiert.

Auf diese Position stellte sich der Beschuldigte seiner negativen Einstellung entsprechend und beschloß, ein Protestschreiben an die Abteilung Innere Angelegenheiten des Rates des Kreises Wittenberg zu verfassen, und darin zugleich erneut die Genehmigung seines Ersuchens zu fordern.

Noch am Abend des 08.06.1987 stellte er ein handschriftliches Schreiben an den Rat des Kreises Wittenberg, Abteilung Innere Angelegenheiten, her, indem er, die durchgeführten Maßnahmen der DVP verurteilend, die Staatsgrenze zwischen der Hauptstadt der DDR und Berlin (West) als »menschenverachtende Mauer« verächtlich machte.

[...]

Beweismittel: [meine Aussagen und die meiner Kollegen]

(Unterschrift) *Müller - Oberleutnant*

(Unterschrift) *Wahn - Major*

Verteiler: 1 x Staatsanwalt, 1 x HA[39] *IX/AKG*[40]*, 1 x AKG, 1 x KD Wittenberg, 1 x Abt. IX*

[39] Hauptabteilung

[40] Auswertungs- und Kontrollgruppe

Wirklichkeit soll Phantasie sein

Es war bezeichnend für die DDR, wie sie unliebsame Ereignisse herunterspielte. Obwohl jeder im Westfernsehen sehen konnte, was sich an der Ostberliner Mauer zugetragen hatte, wurde bewußt die Unwahrheit verbreitet. Auch später vor Gericht wurde meine Aussage diesbezüglich nicht ernstgenommen, und das, was ich mit eigenen Augen im Fernsehen sah, als unwahr hingestellt.

Zu damaliger Zeit war es einzigartig für die DDR, daß sich eine so große Menge – von »mehreren« Jugendlichen konnte keine Rede gewesen sein – gegen die Staatsmacht auflehnte und öffentlich protestierte. Viele von ihnen wurden verhaftet. Sie konnten nicht wissen, daß sie die Menge nicht schützt und der Staat zugreift und hart bestraft. Doch auch diese Leute würden nun aufgrund der Amnestie entlassen werden. Ich hatte viele Gefangene kennengelernt, die erst nach dem Amnestiebeschluß verhaftet und trotzdem amnestiert wurden.

In unserer Zelle waren wir uns ziemlich sicher, noch während der Haftzeit nach Westdeutschland abgeschoben zu werden. Zwar rechneten wir nicht damit, innerhalb der Untersuchungshaft ausreisen zu können, doch spätestens in der Haftanstalt sollte dem nichts mehr im Wege stehen. Was uns dieses Gefühl gab, wußten wir nicht, wir ahnten es nur.

Der Alltag in der Zelle war nun nicht mehr so trist und grau. Wir hatten wieder ein Ziel, und dieses Ziel hieß baldige Entlassung. Leider wurde uns weder von den Wärtern noch von unseren Rechtsanwälten genaueres darüber gesagt, wann die Entlassungen beginnen und ob für Häftlinge eine Ausreisewelle nach Westdeutschland anstünde.

Die Zeit verging, ohne daß wir eine Entlassung mitbekamen. Die restliche Zeit im Gefängnis abzusitzen, rückte immer näher. Das bedrückte mich sehr, denn der Gedanke daran ließ alle Pein, die ich damals erlebte, wieder aufleben.

Nur ein Mitgefangener unserer Dreierzelle sah das anders. Er war nur etwas älter als ich und es war seine erste Inhaftierung. Er war der Meinung, er müsse das Gefängnis wenigstens kennenlernen, wenn er schon einmal in Haft war. All mein Zureden, ein Gefängnis müsse man nicht von innen sehen, half nichts. Er blieb bei seiner Meinung.

Eine Haftprüfung vom Rechtsanwalt

Der Antrag auf Haftprüfung, den Rechtsanwalt Gäbler in meiner Angelegenheit stellte, war reine Formsache. Ebenso schnell, wie der Antrag gestellt wurde, hatte ihn der Staatsanwalt trotz der beschlossenen Amnestie abgelehnt.

Überrascht hatte mich die Ablehnung nicht, denn ich hatte mir, als politischer Gefangener, ohnehin keinerlei Hoffnungen auf Haftverschonung gemacht.

Datum: 03.08.1987

Staatsanwalt
des Bezirkes Halle
AZ.: 221-112-87

Haftprüfungsvermerk (§ 131 StPO[xix])

gegen Möhring, Michael, 08.12.1958
wurde am 03.07.1987 Haftbefehl gemäß § 122 Abs. 1 Ziffer 4 StPO wegen dringendem Tatverdacht gemäß § 220, Absatz 2 StGB erlassen.

Die Aufrechterhaltung des Haftbefehls ist weiterhin notwendig.

Begründung: *Die Fortdauer der Untersuchungshaft ist aus den im Haftbefehl aufgeführten Gründen weiterhin gesetzlich begründet und zur Durchführung des Verfahrens unumgänglich.*

(Unterschrift) *Manneck*
Staatsanwalt

Als die Ermittlungen abgeschlossen waren, wurde die Gerichtsverhandlung vorbereitet.

Obwohl mir wegen der beschlossenen Amnestie das Strafmaß egal war, hoffte ich doch, der Tag der Gerichtsverhandlung möge sich so lange wie möglich hinauszögern. Jeder Tag, der in der Untersuchungshaft verging, brauchte ich nicht im Gefängnis zu verbringen. Ich scheute davor zurück, wieder mit normalen Kriminellen zusammengesteckt zu werden.

Halle, den 04.08.1987

Der Staatsanwalt des
Bezirkes H a l l e
AZ.: 211-122-87

In der Strafsache gegen Michael Möhring beantrage ich, dem Beschuldigten sowie Verteidiger gem. § 203 Abs. 3 StPO[xx] *Anklage und Eröffnungsbeschluß lediglich zur Kenntnis zu bringen, da die Voraussetzungen für den Ausschluß der Öffentlichkeit gem. § 211 Abs. 3 StPO*[xxi] *vorliegen.*

(Unterschrift)
im Auftrag
Staatsanwalt Klotz

Anklageerhebung

Erst mit der Anklageschrift erfuhr ich, daß ich nicht mehr als vorbestraft galt. Die Sorgen zu Beginn meiner Haftzeit, die mir so viele schlaflose Nächte bereitet hatte, hätte ich mir sparen können.

Erst mit der Verkündung der Amnestie und der Gewißheit, daß diese auch für mich galt, war es mir egal, ob ich vorbestraft war oder nicht. Diesmal betraf die Amnestie *alle* Gefangenen.

Halle, den 04.08.1987

Staatsanwalt des
Bezirkes Halle

Kreisgericht der
Stadt Halle/Saale

<u>*H a f t s a c h e !*</u>

<u>*A n k l a g e s c h r i f t*</u>

Ich klage an

die Hilfskraft Michael Möhring,
[…]

laut Strafregisterauszug nicht vorbestraft,

in dieser Sache seit dem 02.07.1987 in Untersuchungshaft in der UHA Halle, Am Kirchtor 20a,

Verteidiger: Rechtsanwalt Gäbler, Wittenberg,

durch öffentliche Herabwürdigung eine Straftat gegen die staatliche Ordnung der DDR begangen zu haben.

[es folgt die Beschreibung meiner »Straftat«]

<u>Vergehen</u> gemäß § 220 Abs. 2 StGB.

<u>*Beweismittel:*</u>

1. Aussagen des Beschuldigten - Blatt 22-32, 42-48, 52-54
2. Beurteilung - Blatt 33-34
3. Beweismittelumschlag - Blatt 55 der Akte

<u>*Wesentliches Ermittlungsergebnis*</u>

[es folgen Angaben, die dem Leser bekannt sind]

Der Beschuldigte ist zu der Straftat geständig. Er besteht auf einer Übersiedlung in die BRD.

Ich beantrage:

Das Hauptverfahren vor der Strafkammer des Kreisgerichts der Stadt Halle/Saale zu eröffnen,
Termin zur Hauptverhandlung anzuberaumen,

aus den Gründen des erlassenen Haftbefehls Haftfortdauer zu beschließen,

als Vertreter des Kollektivs die Stationsschwester Christa Richter, wohnhaft Südstr. 29, Wittenberg, 4600, zum Termin zu laden.

Im Auftrag
(Unterschrift)
Klotz
Staatsanwalt

Wenig später erfolgte die Ladung zum Gerichtstermin. Diese bekam ich, wie die Anklageschrift auch, nur zur Kenntnisnahme in die Hand. Beide Dokumente sah ich erst bei der Akteneinsicht im Jahr 1998 wieder.

Der Staatsanwalt antwortet meinen Eltern

In der Zwischenzeit erhielten meine Eltern Antwort vom Staatsanwalt, bei der der Grund meiner Inhaftierung verschwiegen wurde. Sie wußten zu diesem Zeitpunkt nichts von meinem Ausreiseantrag und es belastete mich, ihnen nicht schreiben zu dürfen.

Jeder Mensch hat das Bedürfnis, nahestehenden Menschen eine außergewöhnliche Situation mitzuteilen oder zu erklären. Durch das Schreibverbot wurde mir diese Möglichkeit genommen. Dieses unmenschliche

Verhalten war typisch für die DDR. Jedoch gab mir die bereits verkündete Amnestie Hoffnung auf baldige Entlassung. Dann würde ich alles mit ihnen persönlich besprechen können.

Alle Informationen über mich, auch das abschließende Urteil, konnten sie nur über Rechtsanwalt Gäbler erfahren, denn eine Teilnahme an der Gerichtsverhandlung war ihnen wegen des nicht öffentlichen Charakters nicht möglich.

Familie
Ingeburg und Eberhard B a r t h
[…]

07.08.1987

Werte Familie Barth!

Auf Ihr Schreiben vom 29.07.1987 teile ich Ihnen mit, daß sich Ihr Sohn seit dem 02.07.1987 in Untersuchungshaft in der UHA Halle, Am Kirchtor 20a, befindet.

Die Inhaftierung erfolgte wegen einer Straftat gegen die staatliche Ordnung der DDR.

Auf Wunsch Ihres Sohnes wurden Besuchs- und Schreiberlaubnis an die geschiedene Ehefrau erteilt. Es ist während der Untersuchungshaft nicht möglich, Genehmigungen an weitere Personen zu erteilen.

Ihr Sohn hat mit seiner Verteidigung Rechtsanwalt Gäbler, Wittenberg, Rosa-Luxemburg-Straße 6, beauftragt.

im Auftrag
(Unterschrift)
Manneck
Staatsanwalt

Halle, den 10.08.1987

Kreisgericht
der Stadt Halle (Saale)
4020 Halle, Hansering 13

Vorführungsersuchen

In der Strafsache gegen Michael Möhring
wegen öffentlicher Herabwürdigung

wird ersucht, den Angeklagten Untersuchungshäftling
wohnhaft in Wittenberg, Dr.-Richard-Sorge-Str. 32 in Wittenberg
am 26.08.1987, 9.00 Uhr

vor das bezeichnete Gericht vorzuführen.

Ausgefertigt: Halle, den 10.08.1987
(Unterschrift)
Justizsekretär

Auf Anordnung:
gez. Meisel, Richter

Beschluß

Das Hauptverfahren wird im Sinne der Anklage vor der Strafkammer des Kreisgerichts Halle (S.), Stadtbezirk West eröffnet.

Die Fortdauer der U-Haft bleibt aus Gründen des Erlasses des Haftbefehls weiterhin angeordnet.

Halle (S.), den 05.08.87

gez. Meisel – Vorsitzender, gez. Lukowitz – Schöffe, gez. Klein - Schöffe

Ausgefertigt: Halle, den 10.08.1987

(Unterschrift) *Justizsekretär*

am 12.08.1987 zur Kenntnis erhalten: Michael Möhring

Am Mittwoch, dem 12.08.1987, mußte ich in der Untersuchungshaft folgende Erklärung schreiben. Der Inhalt wurde mir aus Gründen der gesetzlichen Formulierungen diktiert, entsprach jedoch der Wahrheit:

Halle, den 12.08.1987

Erklärung

Am heutigen Tage wurden mir in ausreichender Zeit die Ladung, die Anklageschrift und der Beschluß zur Kenntnis gegeben. Darüber hinaus standen mir das StGB und die StPO zur Einsichtnahme zur Verfügung. Von der Möglichkeit, in Vorbereitung auf die gerichtliche Hauptverhandlung schriftliche Aufzeichnungen zu fertigen, habe ich keinen Gebrauch gemacht. Ich wurde darüber belehrt, daß ich auf Wunsch nochmals Einsicht in die zuvor genannten Unterlagen nehmen kann. Darauf möchte ich verzichten.

Michael Möhring

Die Frage nach nochmaliger Einsichtnahme in die Anklagedokumente mußte sofort beantwortet werden. Nichts sprach jedoch dafür, diese Dokumente noch einmal sehen zu müssen. So lehnte ich ab.

Eventuelle Unklarheiten zu beseitigen, wäre ohnehin die Aufgabe meines Rechtsanwaltes gewesen.

Wie bereits erwähnt, war es das Ziel der Staatssicherheit, mich irgendwie hinter Gittern zu bringen. Das zeigt das folgende Dokument, das ich hier, um die dem Leser bekannten Anschuldigungen gekürzt, wiedergebe. Major Schuster, Oberstleutnant Bolewski und Oberfeldwebel Walther teilten darin mit, daß sie ihren Auftrag erfüllt hatten.

Wittenberg, den 12.08.1987

Kreisdienststelle Wittenberg

bestätigt:
Stellvertreter Operativ
(Unterschrift)
Hahn
Oberstleutnant

Abschlußbericht

<u>zum OV »Pfleger«, Reg.-Nr. VIII 1077/87</u>

Im OV »Pfleger« wurde die Person

Name, Vorname: Möhring, Michael

[…]

wegen des Verdachtes der Begehung von Straftaten gemäß § 220 StGB operativ bearbeitet.

Der OV wurde aus einer OPK entwickelt und mit dem Ziel der Nachweisführung über die Begehung strafbarer Handlungen des M. gem. § 220 StGB und der vorbeugenden Verhinderung öffentlichkeitswirksamer Demonstrativhandlungen angelegt.

[…]

Durch das Verfassen und zum Versand bringen dieses Schreibens vom 08.06.1987 an den Rat des Kreises Wittenberg auf dem Postweg, erfüllt der M. die Strafrechtsnormen gem. § 220 StGB.

Am 02.07.1987 wurde gegen den M. ein Ermittlungsverfahren mit Haft gem. § 220 StGB durch die Abt. IX der BV Halle eingeleitet.

Da durch die realisierten politisch-operativen Maßnahmen die Hauptzielstellung des OV erreicht wurden wird vorgeschlagen, den OV »Pfleger«,

VIII 1077/87, abzuschließen, den M. KK[41] *zu erfassen und den Operativ-Vorgang in der Abt. XII der BV Halle zur Ablage zu bringen.*

Referatsleiter U/PiD
(Unterschrift)
Schuster - Major

Leiter der Kreisdienststelle
(Unterschrift)
Bolewski - Oberstleutnant

Operativer Mitarbeiter
(Unterschrift)
Walther - Oberfeldwebel

Der Lauscher an der Wand ...

Es war der 13. August, der Jahrestag des Mauerbaus. Wie jeden Tag bekamen wir die Zeitung in die Zelle, die wir meist aus Langeweile heraus durchblätterten. Es war unwahrscheinlich, daß etwas Interessantes für uns drinstand. Meist berichteten DDR-Zeitungen über die Erfolge ihrer Planwirtschaft, also nichts, was uns interessierte.

An diesem Tag ließ es sich das MfS jedoch nicht nehmen, unsere Reaktion auf die Tageszeitung zu belauschen. Derartige Aktionen konnten wir uns denken, und deswegen achteten wir stets darauf, nichts zu sagen, was eine neue Strafverfolgung nach sich ziehen könnte. Jedoch hielt uns das nicht davon ab, hin und wieder über die DDR zu lästern.

---

[41] Erfassung in einer Kerblochkartei

Halle, 13.08.1987

<u>Informationsbericht</u>

Am 13.08.1987 war ich in der Zeit von 13.30 – 21.30 Uhr auf der 3. Station als Stationsposten eingesetzt und führte, als sich die Zeitungen im Verwahrraum 43 befanden, vor diesem eine Horchkontrolle durch.

In der Zeit von 14.30 – 16.30 Uhr äußerten sich die VH in diesem Verwahrraum wie folgt:

43/2 (53/87) »Ach, heute ist doch der 13. August, da ist ja Staatstrauertag.«

43/3 (49/87) »Da kann man ausrasten, wenn man den Mist liest. So ein Scheiß. Die haben doch alle was am Sender. Ich finde es überhaupt eine Sauerei, daß mich der Staat hier festhalten will. Ich kann doch nichts dafür, daß ich hier geboren bin. Ich habe die Nase voll, ich habe schon viel zu lange hier gelebt. Ich habe nur 60 Jahre zu leben und die will ich leben, wo ich will und nicht wie man mir alles vorschreibt.«

43/2 (58/87) Zu dem Interview in der »Jungen Welt«:

»Da haben die sich doch wieder einen ausgesucht. So ist das doch nie. Die sind doch alle nicht ganz sauber. Wenn die alle rüberlassen würden, könnten die drüben auch Salzgitter auflösen.«

43/3 (49/87) »Das sind doch die blanken Lügen, die hier einem ins Gesicht geschmettert werden.«

Der VH 43/1 (78/87) äußerte sich kaum zu diesem Thema. Er beteiligte sich erst später wieder an den Unterhaltungen im Verwahrraum.

In anderen Verwahrräumen auf der 3. Station konnte ich keine weiteren Unterhaltungen zu diesem Thema feststellen.

gez. Glaw
Unterfeldwebel

Diese Abhöraktion hatte für uns keinerlei Folgen. Nie wurde sie in irgendeiner Form erwähnt, und erst mit Akteneinsicht erfuhr ich davon.

Hauptverhandlungsprotokoll

Die Gerichtsverhandlung fand am Mittwoch, dem 26.08.1987, vor dem Kreisgericht Halle statt. Neben der Anklagevertretung und meiner Verteidigung war die Stationsschwester der Hufeland-Klinik, Christa Richter, anwesend. Andere Personen waren aufgrund der geschlossenen Verhandlung nicht zugelassen.

Vom Protokollführer wurde während der Verhandlung stichpunktartig niedergeschrieben, was im Prozeß geäußert wurde. Die Antworten sind zwar in Kurzfassung gehalten, doch gibt das folgende Protokoll einen kleinen Überblick, wie die Verhandlung ablief.

Halle, den 26.08.1987

Hauptverhandlung
des Kreisgerichts Halle

Aktenzeichen S 738/87

Anwesend:
Richter U. Meisel
als Vorsitzender

Frau Herrmann
Herr Lorek
als Schöffen/beisitzende Richter

Staatsanwalt Jahr
als Staatsanwalt

Rechtsanwalt Gäbler
als Verteidiger

J.P. Bach
als Protokollführer

gegen den
Michael Möhring

wegen öffentlicher Herabwürdigung

Beginn: 9.00 Uhr
Ende: 10.00 Uhr

Die Verhandlung beginnt mit dem Aufruf des Angeklagten, des Vertreters des Kollektivs.

Es melden sich:

Als Angeklagter: M. Möhring – vorgeführt

Als Kollektivvertreter: Frau Richter

Die Ladungsfrist ist gewahrt.

Der Vorsitzende gibt Namen der Richter, der Schöffen, des Staatsanwaltes, des Verteidigers, des gesellschaftlichen Anklägers, des gesellschaftlichen Verteidigers und des Protokollführers bekannt.

Die Feststellung der Personalien des Angeklagten ergibt:

Hilfskraft, Michael Möhring, geb. am 08.12.1958 in Wittenberg, wh. Wittenberg, Dr.-Richard-Sorge-Str. 32
PKZ: 081258410623
geschieden, 1 Kind, nicht vorbestraft
in U-Haft seit 02.07.1987, Am Kirchtor 20a, beschäftigt: Hufeland-Klinik Wittenberg

Der Staatsanwalt trägt den wesentlichen Inhalt der Anklage vor. Der Beschluß über die Eröffnung des Hauptverfahrens wird verlesen.

Es folgt die Vernehmung des Angeklagten zur Person und zur Sache.

<u>Zur Person:</u>

Abschluß 9. Klasse POS nach 10jährigem Schulbesuch

Ich ging zur Lehre und wurde dann inhaftiert. Beruf habe ich nicht. Ich bin nicht vorbestraft.

Strafregisterauszug wird gemäß § 51 StPO[xxii] *zum Gegenstand der Beweisaufnahme gemacht.*

Ich bestand Deutschprüfung nicht, da ich es ablehnte, russische Literatur zu lesen.

Eltern sind geschieden, Mutter heiratete aber wieder. Verhältnis zum Stiefvater war gut.

Ich habe Schwester, zu Eltern aber wenig Kontakt wegen Entfernung.

Ich arbeite in Wittenberg seit 20.02.1987 in Hufeland-Klinik als Hilfskraft. Arbeit macht mir Spaß.

Ich verdiene ca. 650,-- Mark. Ich bin geschieden, habe 1 Kind. Ich zahle 90,-- Mark Unterhalt.

Scheidung war 12.02.1987. Ich lebe jetzt allein, wohne als Untermieter in alter Wohnung.

Ich stellte Ausreiseantrag 1979. Ich spiele Gitarre und lerne Englisch.

Ich arbeite ordentlich. Ich bemühte mich, alles zu machen, was mir aufgetragen wurde. Mit Kollektiv verstand ich mich gut.

Mit gesellschaftlichen Verhältnissen in DDR bin ich nicht einverstanden. Konkurrenzkampf fehlt, Reisebeschränkungen sind nicht gut. Ich lehne das gesamte System ab. Ich bilde mir auch durch BRD-Fernsehen meine Meinung. Zeitung lese ich nicht.

1978 zog ich Ausreiseantrag zurück, stellte am 01.03.1987 erneut Antrag auf Ausreise in BRD.

Grund ist wieder diese Gesellschaft. Jetzt dürfen immer mehr reisen, für mich wäre das nicht in Frage gekommen. Man hätte mich abgelehnt.

Bei dieser Aussage bezog ich mich auf Bekannte von mir, die besuchsweise nach Westdeutschland fahren durften. Ich hatte keinerlei Kontakte in Westdeutschland und hätte nie die Möglichkeit bekommen, auch einmal ins westliche Ausland reisen zu dürfen, selbst wenn ich nie mit dem DDR-Gesetz in Konflikt geraten wäre.

Ich wollte mich mal qualifizieren, das heißt 10. Klasse nachholen. Dann hätte ich Beruf erlernt. Ich will doch aber ausreisen. In DDR will ich keine Zukunft.

Konfessionell bin ich nicht gebunden, besuche aber Kirchenveranstaltungen. Feste Freunde habe ich nicht.

<u>Zur Sache:</u>

Ich schickte ein Schreiben an Abt. Inneres Wittenberg, datiert vom 08.06.1987. Es war Pfingstmontag.

Ich bin gegen jede Art von Gewalt. Ich versuchte das klar zu machen.

Diese Aussage bezog sich auf die Gewalt der Volkspolizei gegen Demonstranten und Journalisten am 8. Juni 1987 an der Ostberliner Mauer.

Ich verfolgte Geschehnisse in Berlin, wie Jugendliche an der Mauer zurückgedrängt wurden, weil sie nur einem Rockkonzert zuhören wollten, im BRD-Fernsehen.

Ich fertigte dann das Schreiben. Ich wollte damit erreichen, daß mein Antrag bearbeitet wird. Ich wußte nicht, ob mein Antrag bearbeitet wird.

Schreiben – Blatt 55 der Akte - wird gemäß § 51 StPO zum Gegenstand der Beweisaufnahme gemacht durch Vorlesen sowie Blatt 55 (Übergabeprotokoll).

Der Ausreiseantrag vom 8. Juni 1987 wurde vom Staatsanwalt vorgelesen.

Ja, das habe ich geschrieben.

Ich schrieb an Inneres, damit mein Antrag bearbeitet wird. Ich war mit Maßnahmen in Berlin – Gewalt – nicht einverstanden. Ich bin mit der Politik in DDR nicht einverstanden.

Mit rechtlichen Grundlagen beschäftige ich mich nicht. Mauer ist menschenverachtend, die Berlin teilt. Ich habe nicht gewußt, daß so ein Schreiben öffentliche Herabwürdigung bedeutet. Dann hätte ich das nicht gemacht.

Das Schreiben entstand spontan, gleich nach dem ich die Sendung sah.

Ich wußte nicht, ob mein Antrag bearbeitet wird, bei Inneres.

Ich möchte nach wie vor in die BRD. Im Vollzug war ich mit einem Österreicher zusammen, ich weiß jetzt, wie es drüben aussieht.

Während der Haftzeit in Halle war ich tatsächlich kurze Zeit mit einem Österreicher zusammen in einer Zelle. Er hatte eine Freundin und hielt sich wegen ihr über Jahre hinweg illegal in der DDR auf. Ihm gefiel das Leben in der DDR, und er erzählte mir viel von seinem Leben in Österreich.

Ich will in BRD erstmal arbeiten.

Vernehmung von Kollektivvertretern:

Der Vertreter des Kollektivs wird auf seine Pflicht zur wahrheitsgetreuen Aussage und weiter darauf hingewiesen, daß er die Auffassung des von ihm vertretenen Kollektivs wiederzugeben hat. Der Vertreter des Kollektivs wird über das Recht der Verweigerung der Aussage belehrt.

Er erklärt:

Zur Person:

Name: Richter
Vorname: Christa
Geburtstag: 17.12.1940
Beruf: Stationsschwester
Wohnort: Südstraße 29, Wittenberg

Ich bin weder der Ehegatte oder die Schwester des Angeklagten noch mit ihm in gerader Linie verwandt oder durch Annahme an Kindes Statt verbunden.

Ich will aussagen.

Zur Sache wird dem Vertreter mitgeteilt, worüber er vernommen werden soll.

Er erklärt:

Er war im Kollektiv eingebunden, hatte Möglichkeit der Qualifizierung. Er arbeitete ordentlich, war einsatzbereit und kam regelmäßig. Er arbeitete auch selbständig. Er lernte auch schnell, was er zu tun hat. Verhältnis zum Kollektiv war gut. Vom Ausreiseantrag wußten wir von ihm. An gesellschaftlichen Veranstaltungen nahm er teil.

Nach seiner Ehescheidung gab es einen leichten Abfall. Kollektiv stand zu ihm in dieser Zeit. Eine Steigerung gab es dann nicht mehr. Er war etwas oberflächlicher. Insgesamt war Leistung dennoch gut.

Hier war sie wieder, die Aussage, daß Kollegen, die gegen die DDR waren oder sie verlassen wollten, nie so arbeitswillig sind, wie politisch korrekte Kollegen, oder als sie noch politisch korrekt waren.

Heute frage ich mich, warum ich damals nicht nachgefragt habe, wie denn genau der »Arbeitsabfall« ausgesehen hat. Dem Richter genügte die schwammige Aussage der Stationsschwester und ging weiter im Protokoll.

Ich bin einverstanden mit Ausführungen.

- keine Fragen, keine Anträge -

Beweisaufnahme wird geschlossen.

<u>Plädoyer des Staatsanwaltes:</u>

Anklage hat sich bestätigt.

Staatsanwalt gibt wesentlichen Inhalt der Beweisaufnahme wieder.

Seine Persönlichkeitsentwicklung weicht ab. Er erfüllte Schulziel nicht, beendete Lehre nicht. Es gab häufigen Arbeitsstellenwechsel.

Hier versuchte der Staatsanwalt, mich irgendwie als schlechten Menschen hinzustellen. Meine Leistungen, die ich erbrachte, daß ich beispielsweise durch Eigeninitiative erfolgreich die staatliche Musikschule abschloß und es anschließend bis zur Aufnahme im Konservatorium in Halle schaffte, blieben unerwähnt.

Statt dessen wurden Ereignisse hervorgekramt, die schon mehr als 10 Jahre zurücklagen. Hauptsache, man konnte mich irgendwie als nichtswürdigen Bürger hinstellen.

Ich muß allerdings zugeben, daß ich selbst nichts dazu beitrug, mich im Gesamtbild als durchaus erfolgreich hinzustellen. Es hätte auch nichts genutzt. Man hätte es lediglich zur Kenntnis genommen. Das Gericht und der Staatsanwalt *wollten* mich als minderwertigen Menschen sehen. »Minderwertig« solange, bis ich den Ausreiseantrag zurückzog und wieder die politisch »richtige« Meinung vertrat.

Seit 20.02.1985 arbeitet er in Klinik in Wittenberg als pflegerische Hilfskraft. Angeklagter arbeitete gut, war im Kollektiv integriert.

Angeklagter hat zu gesellschaftlichen Verhältnissen unseres Staates Einstellung, die er dokumentiert – er stellte Ausreiseantrag. Angeklagter hatte Kontakt zu Rechtspflegeorganen.

Am 01.03.1987 wurde letztes Übersiedlungsersuchen gestellt durch Angeklagten. Mit kriminellen Mitteln versuchte er jedoch, dieses Ersuchen unter Beweis zu stellen. Angeklagter faßte Entschluß des Protestschreibens.

Angeklagter macht Stellung zur DDR und ihrer Politik deutlich. Er schrieb diesen Brief und beging eine öffentliche Herabwürdigung -> § 220/2 StGB.

Er wollte auch seinen Antrag unterstreichen durch diese Straftat.

Angeklagter negierte historische Erfahrung, daß nach Errichtung der Mauer der Frieden sicherer wurde. Grundlagenvertrag wurde geschlossen.

Angeklagter hat das erklärte Ziel, in BRD zu gelangen. Er kann sich dadurch auch nicht in DDR bewähren.

Ich beantrage: FS[42] *von 1 Jahr + 3 Monaten*

Plädoyer des Rechtsanwaltes:

Anklage hat sich bestätigt. Ich schließe mich im wesentlichen dem Staatsanwalt an.

Angeklagter wird nur wegen der von ihm begangenen Straftat gemäß § 220/2 StGB verurteilt, nicht wegen seiner Einstellung. Durch kriminelle Handlung wollte er nicht seinen Antrag bekräftigen, ihm war nicht bewußt, daß er Straftat beging. Er handelte spontan und in rechtlicher Unkenntnis.

Ich beantrage: FS von 1 Jahr

Ich konnte von Glück sagen, daß gerade eine Amnestie verkündet wurde. Mir ist es bis heute unbegreiflich, daß selbst mein Rechtsanwalt eine *Gefängnisstrafe* für *angemessen* hielt und im Wesentlichen das nachplapperte, was kurz zuvor der Staatsanwalt von sich gab. Ich war in »Lohn und Brot« und hätte auch eine Geldstrafe bezahlen können. Eine Bewährungs- oder eine Geldstrafe hätten mir weitere Monate in Haft erspart.

Daß Rechtsanwalt Gäbler drei Monate weniger als der Staatsanwalt beantragte, war einfach nur lächerlich. Wahrscheinlich wollte er damit den Anschein wahren, er stünde auf meiner Seite. Hier zeigte sich wieder einmal, wie sinnlos es bei politischen Delikten war, einen Rechtsanwalt mit der Verteidigung zu beauftragen.

---

[42] Freiheitsstrafe - allerdings wurde ich nicht zu »Freiheit« verurteilt, weswegen es richtigerweise »Gefängnisstrafe« heißen muß.

Da das Gefängnis unausweichlich war, war es mir wegen der Amnestie egal, wie hoch das Strafmaß ausfiel. Deswegen nickte ich die Worte meines Rechtsanwaltes ab. Es war für mich damals eine logische Schlußfolgerung.

Heute sehe ich die Sache anders. Ich hätte vor Gericht meinen Anwalt fragen sollen, ob ihm überhaupt klar ist, was er da für seinen Mandanten beantragt und warum er nicht eine Geld- oder Bewährungsstrafe für mich fordert.

Das hätte zwar nichts am zu erwartenden Strafmaß geändert, aber wenigstens hätte ich ihm meinen Unmut darüber an den Kopf geworfen.

Angeklagte hat Wort zur Verteidigung:

Ich schließe mich Rechtsanwalt an.

Angeklagter hat letztes Wort:

Ich handelte spontan und werde weiterhin versuchen, mein Ziel zu erreichen.

Termin zur Verkündung einer gerichtlichen Entscheidung wird festgesetzt auf:

Donnerstag, den 27.08.1987, 13 Uhr.

Gericht zieht sich zur Beratung zurück.

Nach Beratung des Gerichts wird am 27.08.1987, 13 Uhr, in Anwesenheit des Gerichts in gleicher Besetzung, in Anwesenheit des Staatsanwaltes, das vorliegende Urteil durch Verlesung der Urteilsformel und Urteilsgründe verkündet.

Einen Tag später verkündete Richter Meisel das Urteil. Wie erwartet wurde ich zu einer relativ hohen Gefängnisstrafe verurteilt. Mir zeigte dieses Urteil die Arroganz des Staates gegenüber jedem Andersdenkenden. Ein Strafmaß von einem Jahr und drei Monaten wegen einer Äußerung in einem Ausreiseantrag ist unmenschlich hart und konnte nicht deutlicher das Verbot der freien Meinung in der Deutschen Demokratischen Republik aufzeigen.

Aktenzeichen: S 738/87
221-112-87

Urteil

Im Namen des Volkes!

In der Strafsache

gegen die pflegerische Hilfskraft
Michael M ö h r i n g
wohnhaft: Wittenberg, Dr. Richard-Sorge-Str. 32
PKZ: o8 12 58 41o 623
in dieser Sache in U-Haft seit dem 2.7.1987
UHA Halle, Am Kirchtor 2o a

wegen öffentlicher Herabwürdigung

hat die Strafkammer des Kreisgerichts der Stadt Halle

in der Hauptverhandlung am 26./27.8.1987, an der teilgenommen haben:

Richter U.Meisel
als Vorsitzender,
Kraftfahrer Lorek

Leiterin d.Büros d.Kombinatsdirektors
als Schöffen, Frau Herrmann
Staatsanwalt d.Bezirkes Jahr
als Anklagevertreter,
Rechtsanwalt Gäbler
als Verteidiger,

Justizprotokollantin Bach
als Protokollführer,

für Recht erkannt:

1. Der Angeklagte wird wegen öffentlicher Herabwürdigung-Vergehen gem.§ 22o Abs.2 StGB- zu einer

Freiheitsstrafe von einem Jahr und drei Monaten

verurteilt.

2. Die Auslagen des Verfahrens hat der Angeklagte zu tragen.

Aktenzeichen: S 738/87
221-112-87

Im Namen des Volkes

In der Strafsache

gegen

die pflegerische Hilfskraft

Michael M ö h r i n g
[…]

wegen
öffentlicher Herabwürdigung

hat die Strafkammer des Kreisgerichts der Stadt Halle in der Hauptverhandlung am 26., 27.8.1987, an der teilgenommen haben:

[die gleichen Personen, wie im Gerichtsprotokoll]

für Recht erkannt:

Der Angeklagte wird wegen öffentlicher Herabwürdigung – Vergehen gem. § 220 Abs. 2 StGB – zu einer

Freiheitsstrafe von einem Jahr und drei Monaten

verurteilt.

Die Auslagen des Verfahrens hat der Angeklagte zu tragen.

G r ü n d e :

Der nicht vorbestrafte 28jährige Angeklagte erreichte den Schulabschluß der 9. Klasse. Eine anschließend aufgenommene Lehre beendete er nicht. Seit dem 20.02.1985 ist er als pflegerische Hilfskraft in der Hufeland-Klinik in Wittenberg beschäftigt. Die ihm übertragenen Arbeitsaufgaben erledigte er im wesentlichen ordnungsgemäß und mit Initiative. Zu seinem Arbeitskollektiv hat er ein gutes Verhältnis.

Der Angeklagte vertritt eine die gesellschaftlichen Verhältnisse in der DDR ablehnende Einstellung. Aus diesem Grund stellt er ein Ersuchen auf Wohnsitzwechsel nach der BRD. Ebenfalls deshalb lehnte er angebotene Qualifizierungsmaßnahmen seines Betriebes ab. In seiner Freizeit beschäftigt sich der Angeklagte mit der englischen Sprache, musiziert gern und besucht gelegentlich kirchliche Veranstaltungen.

Der Angeklagte hat folgende Handlung begangen:

Nachdem er verschiedene Fernsehsendungen von Rundfunkanstalten der BRD verfolgt hat, fertigte er mit Datum vom 08.06.1987 ein Schreiben, indem er formulierte, daß »das Eingreifen der Volkspolizei der DDR auf harmlose unbewaffnete Jugendliche, die lediglich ihr Recht auf Freiheit und ein Leben ohne diese menschenverachtende Mauer kundtaten«, in ihm schärfsten Protest hervorruft.

Dieses Schreiben brachte er auf dem Postwege an den Rat des Kreises Wittenberg, Abteilung Innere Angelegenheiten, zum Versandt, wo es am 10.06.87 einging. Der Angeklagte beabsichtigte, dadurch Einfluß auf die Bearbeitung seines Übersiedlungsersuchens zu nehmen.

Dieser Sachverhalt ergibt sich aus den Einlassungen des Angeklagten, den Ausführungen der Kollektivvertreterin und den anderen zum Gegenstand der Beweisführung gemachten Unterlagen.

Indem der Angeklagte ein Schreiben herstellte, in welchem er Maßnahmen der DVP zum Schutze der Staatsgrenze der DDR herabwürdigte, dieses Schreiben an den Rat des Kreises Wittenberg, Abteilung Innere Angelegenheiten sandte, verletzte er den Strafbestand der öffentlichen Herabwürdigung gemäß § 220 Abs. 2 StGB.

So hat der Angeklagte in diesem Schreiben, ausgehend von den durch westlichen Massenmedien erhaltenen Informationen, Unwahrheiten, die geeignet sind, die staatliche Tätigkeit der DVP in Mißkredit zu bringen, formuliert und dem Rat des Kreises Wittenberg zugesandt.

Bei der Strafzumessung war zu Ungunsten des Angeklagten zu bewerten, daß die durch ihn begangene Straftat einen nicht unerheblichen Angriff auf die staatliche Ordnung darstellt. So war das durch ihn verfaßte Schreiben in hohem Maße geeignet, die staatliche Tätigkeit der DVP zu mißkreditieren.

Zu Gunsten des Angeklagten muß aber auch berücksichtigt werden, daß er den Entschluß zur Begehung dieser Straftat relativ spontan faßte, er ansonsten seine gesellschaftlichen Pflichten bisher ordnungsgemäß erfüllte und in der gerichtlichen Hauptverhandlung zu erkennen gegeben hat, daß er das Verwerfliche seines Handelns durchaus erkannt hat. Aus diesen Gründen verurteilte ihn die Strafkammer - in Übereinstimmung mit dem Antrag der Anklagevertretung -, welcher auch alle die den Angeklagten entlastenden Umstände berücksichtigt, und in Abweichung vom Antrag der Verteidigung, zu einer Freiheitsstrafe von einem Jahr und drei Monaten.

Die Auslagenentscheidung beruht auf den §§ 362[xxiii]*, 364 Abs. 1 StPO*[xxiv]*.*

gez. Herrmann
gez. U. Meisel
gez. Lorek

Ausgefertigt: Halle, den 27.08.1987

(Unterschrift)
Sekretär

Ein Urteil von einem Jahr und drei Monaten war nicht weit entfernt von der Höchststrafe von zwei Jahren. Ich galt nicht als vorbestraft, ging einer geregelten Arbeit nach, auf dem es keine Probleme gab, und hatte einen festen Wohnsitz. Die Höhe des Strafmaßes lag also zweifellos an meinem Übersiedlungsantrag.

Wie das Gericht bei der Hauptverhandlung feststellen konnte, daß ich »das Verwerfliche meines Handelns zu erkennen gegeben« habe, ist mir unbekannt. Dieser Satz ist wahrscheinlich auf meine Aussage zurückzuführen, ich hätte den betreffenden Satz nicht geschrieben, wenn mir klar gewesen wäre, dafür ins Gefängnis zu müssen. Außerdem frage ich mich, was ich für ein Urteil bekommen hätte, wenn es keine »entlastenden« Punkte, wie meine »ordnungsgemäße Erfüllung meiner gesellschaftlichen Pflichten«, womit sicher mein Arbeitsverhalten gemeint war, gegeben hätte. Wäre ich dann weitaus schlimmer verurteilt worden, obwohl meine Arbeitsleistung und dieser Brief an Abteilung Innere Angelegenheiten rein gar nichts miteinander zu tun hatten?

Der Zellengenosse, welcher unbedingt noch das Gefängnis kennenlernen wollte und wegen Verstoßes des gleichen Paragraphen inhaftiert war, bekam kurz nach meiner Verurteilung eine Haftstrafe von einem Jahr und vier Monaten. Seine Frau erfuhr später von seinem Rechtsanwalt die Höhe der Strafe ihres Ehemannes, denn an der Verhandlung durfte sie wegen Ausschluß der Öffentlichkeit nicht teilnehmen.

BV Halle
Abteilung XIV

Prozeßbericht

Prozeß vor dem KG[43] *Halle, am 26.08.1987, 8.00 h*
Angeklagte(r): Möhring., Michael, geb. am: 08.12.1958
Rechtsanwalt: Gäbler
wohnhaft: Wittenberg
Vorsitzender: U. Meisel
Staatsanwalt: Jahr
Art der Verhandlung: nicht öffentlich
Probleme des Prozeßverlaufes:
(Gewährleistung sozialistischen Gesetzlichkeit, Sicherheit und Ordnung, politisch-operativ relevanter Ereignisse)

Während der Vorführung und der Hauptverhandlung gab es keine Beanstandungen.

Vorführoffizier der Abt. XIV
(Unterschrift)
Oltn.

[43] Kreisgericht

Am Montag, dem 31. August 1987, bekam ich das Urteil des Kreisgerichts Halle für wenige Minuten zur Kenntnisnahme. Des weiteren sollte ich mich entscheiden, ob ich in Berufung gehe. Das hielt ich damals aufgrund der Amnestie jedoch für nicht nötig.

Später bereute ich diese Entscheidung. Zwar hätte eine Berufungsverhandlung am Strafmaß wohl kaum etwas geändert, mir wären jedoch ein oder zwei Monate Gefängnis erspart geblieben. Aber aus einem unerklärlichen Grund kam mir damals dieser Gedanke nicht.

Das Ministerium für Staatssicherheit konnte meinen »Fall« nun abschließen. Ihr Bestreben, mich der Öffentlichkeit zu entreißen, war erfolgreich verlaufen.

Halle am 03.09.1987

DE Abteilung IX

Ministerium
für Staatssicherheit
Hauptabteilung IX/8

KD Wittenberg

Meldung
über den Abschluß eines Strafverfahrens

(1. Instanz / 2. Instanz)

Name: Möhring   Vorname: Michael
[...]
Entscheidung am: 27.8.1987 durch: KG Halle-Stadt
Art der Entscheidung: Urteil
Abschlußtatbestand: § 220 Absatz 2 StGB
Strafausspruch: 1 Jahr, 3 Monate FS
Wahlverteidiger: RA Gäbler

stellvertretender Leiter der Abteilung IX
(Unterschrift)
Wahn - Major

Am 4. September 1987 wurde ich von der Untersuchungshaftanstalt des MfS in die Untersuchungshaftanstalt der Stadt Halle verlegt. Als erstes bemerkte ich den Krach in diesen Gemäuern. Mir wurden die Haare kurzgeschoren, ich wurde in eine überfüllte Zelle gesperrt, wo ich mit Kriminellen zusammenlag, und mußte mich rasieren.

Nur fünf Tage später, am 09. September 1987, erfolgte mit dem Grotewohl-Expreß[44] die Verlegung ins Gefängnis. Auf einem Transportschein, der auf dem Karton mit meinen Sachen klebte, konnte ich lesen, daß ich nach Karl-Marx-Stadt überführt werde. In mir stieg freudige Hoffnung auf, von dort aus in den Westen abgeschoben zu werden.

Im Gefängnis Karl-Marx-Stadt

Die Zellen im Gefängnis von Karl-Marx-Stadt waren karg eingerichtet. Es gab ein großes, unverblendetes Fenster, das sich allerdings nur einen sehr kleinen Spalt öffnen ließ, einen Tisch, vier Holzhocker, vier kleine Schränke an der Wand und vier Betten, die immer akkurat gebaut sein mußten. Nur am Wochenende war es erlaubt, sich tagsüber auf das Bett zu legen.

Eine Tischdecke, ein kleines Bild für die Wand oder eine Zimmerpflanze gab es nur als Auszeichnung. Uhren, Ringe, Halsketten, Kalender, Taschenlampen, eigene Radios oder Fernsehgeräte und private Kleidungsstücke waren im sogenannten »sozialistischen Strafvollzug« schon immer verboten, und das war in Karl-Marx-Stadt nicht anders. Fernsehen war nur am Abend auf dem Flur des Zellentraktes erlaubt. Voraussetzung für die Teilnahme am Fernsehabend war eine erfüllte Arbeitsnorm. Welche Sendung gesehen werden durfte, bestimmte allein der »Erzieher«.

---

[44] Umgangssprachlicher Ausdruck für den Zellenwaggon der Deutschen Reichsbahn in der DDR. Er hatte viele kleine Zellen mit fünf Klappsitzen.

Durch den Amnestiebeschluß waren meine Tage im Gefängnis zum Glück gezählt. Es sprach sich jedoch sehr schnell herum, es wird keine Abschiebung von Gefangenen in den Westen geben. Nach wenigen Wochen in der Haftanstalt war mir klar, daß dieses Gerücht den Tatsachen entsprach. Es machte mich nur bedingt traurig, denn es wurde von einer Abschiebewelle für politische Gefangene nach der Haftentlassung gesprochen. Darauf baute ich fest, obwohl ich den Sinn dieser Aktion nicht verstand.

Trotzdem fiel mir die Zeit in Karl-Marx-Stadt sehr schwer. Ich mußte mich täglich 24 Stunden lang anpassen, die Unruhe und den Lärm des Gefängnisses ertragen, die Schikanen der »Erzieher« über mich ergehen lassen und der Aggressivität wirklich Krimineller so gut es ging aus dem Weg gehen.

Wann ein Gefangener infolge der Amnestie nach Hause gehen dufte, wurde ihm etwa vierzehn Tage vor dem Entlassungstermin mitgeteilt. Jede diesbezügliche Nachfrage beim »Erzieher« war vergeblich. Der kannte zwar den Entlassungstermin eines jeden Häftlings, aber man ergötzte sich daran, den Gefangenen in fast unerträglicher Ungewißheit darüber zu lassen.

Schlimmstenfalls würde ich also noch weitere dreieinhalb Monate in Karl-Marx-Stadt bleiben. Eine lange Zeit, wenn man sie hinter Gittern verbringen muß.

Staatsanwalt des Bezirkes Halle
zur Weiterleitung an das zuständige Gericht

Rat des Kreises Wittenberg
- Abteilung Innere Angelegenheiten -

VPKA, Abt. Paß- und Meldewesen Wittenberg
zur unverzüglichen Weitergabe an die K

BDVP, Abt. Kriminalpolizei Wittenberg

Bezirksverwaltung des Ministeriums für Staatssicherheit Halle

Abschlußbericht

Zu- und Vorname (Geburtsname): M ö h r i n g, Michael

[...]

Delikt/Strafmaß: § 220, Abs. 2, 1 Jahr, 3 Monate
Strafbeginn: 02.07.1987
Strafende: 01.10.1988

Entlassungsgrund: Amnestiebeschluß vom 17.07.1987

Wird/wurde entlassen:
03.12.1987 nach Wittenberg
Dr.-Richard-Sorge-Str. 32

Höhe des Eigengeldes bei der Entlassung etwa: 100,-- Mark

Rechnet man das Geld dazu, was ich im Gefängnis für persönliche Einkäufe bekam, und dem Abzug von drei Monaten Kindergeld von je 90,-- Mark für meinen Sohn (laut Akten wurde es jedoch nur anteilig gezahlt, siehe Schreiben vom 6. Oktober 1987 weiter unten), kann mit einem Verdienst von rund 160,-- Mark monatlich für teils schwerer körperlicher Arbeit ausgegangen werden. Mein Lohn in der Hufeland-Klinik betrug monatlich etwa 650,-- Mark.

Besteht das Lehr- bzw. Arbeitsverhältnis noch: ja

Anschrift des Betriebes: Hufeland-Klinik
4600 Wittenberg
als Krankenpfleger

Welche Gründe stehen der Ausübung der
vor der Inhaftierung ausgeübten Tätigkeit
entgegen: keine

A b s c h l u ß b e u r t e i l u n g

über das Verhalten des Strafgefangenen

M ö h r i n g, Michael, geb. 08.12.1958

Der Strafgefangene Möhring befindet sich seit Juli 1987 in der Untersuchungshaftanstalt Halle.

Er wurde am 27.08.1987 durch das Kreisgericht der Stadt Halle gem. § 220, Abs. 2 StGB zu einer Freiheitsstrafe von einem Jahr und drei Monaten verurteilt.

Zur gesellschaftlich nützlichen Arbeit wurde er bisher nicht eingesetzt.

M. ist seit 1987 Antragsteller.

Er vertritt eine ablehnende Stellung zu den gesellschaftlichen Verhältnissen der DDR, die sich bei ihm durch seinen labilen Charakter und das einseitige Orientieren an Sendungen westlicher Massenmedien herausbildete. Möhring machte in der Zeit der Untersuchungshaft beständig deutlich, daß er bei seinem Vorhaben, in die BRD zu übersiedeln, bleiben wird.

Den SV-Angehörigen gegenüber verhielt er sich korrekt. Grobe Verstöße gegen die Hausordnung der Untersuchungshaftanstalt waren nicht zu verzeichnen.

In persönlicher Verbindung steht er mit seiner geschiedenen Ehefrau Möhring, Martina, Wittenberg, Dr.-Richard-Sorge-Str. 32, die bisher weder negativ noch positiv auf M. Einfluß ausübte.

Zu den Fragen der Wiedereingliederung können folgende Aussagen getroffen werden: Wohnung ist in Wittenberg, Dr.-Richard-Sorge-Str. 32, bei seiner geschiedenen Ehefrau vorhanden.

Das Arbeitsrechtsverhältnis in der Hufeland-Klinik in Wittenberg besteht noch, wo er als Krankenpfleger nach seiner Entlassung seine Tätigkeit wieder aufnehmen will.

Nach eigenen Angaben des Strafgefangenen Möhring hat er keine Forderungen zu begleichen.

Gemäß Beschluß des Staatsrates der DDR vom 17.07.1987 über eine allgemeine Amnestie wird der Strafgefangene Möhring am ... entlassen.

Strafvollzugseinrichtung
PSF 7
Karl-Marx-Stadt
9040, 14.09.1987

(Unterschrift)
i. V. Langhammer
Oltn. d. SV

Arbeit in der Betonfabrik des Gefängnisses

Nicht das Datum der Entlassung zu wissen, zerrte an den Nerven. Die ersten Amnestierten konnten bereits im Sommer nach Hause gehen, die letzten mußten bis kurz vor Weihnachten warten. An jedem Werktag sah ich Gefangene, die aufgrund der Amnestie entlassen wurden. In der Regel handelte es sich hierbei um normale Kriminelle. Mit jedem Tag wurde das Gefängnis leerer.

Auf dem Gelände der Haftanstalt befand sich eine kleine Fabrik, in der Mauern aus Beton für Wohnhäuser gegossen wurden. Das Gebäude mit den Zellen war nicht weiter als einen Steinwurf von den Werkshallen entfernt, und eine hohe Mauer umschloß alles.

Die ersten Tage mußte ich mit einem weiteren Gefangenen auf dem Betriebsgelände des Gefängnisses Unkraut jäten. Eine vollkommen sinnlose Arbeit, die nur dazu diente, uns irgendwie zu beschäftigen.

Nach einer Woche wurde ich dann in die Betonfabrik versetzt. Die Arbeit war sehr laut und körperlich schwer. Wir arbeiteten in drei Schichten. Wie in DDR-Gefängnissen üblich, so mußten auch hier die zivilen Arbeiter, die unsere unmittelbaren Vorgesetzten waren, mit »Meister« angesprochen werden. Egal ob sie einen Meistertitel führten oder nicht. Die DDR gefiel sich darin, im Gefängnis die Menschen in »Meister« und »Arbeitssklaven« einzuteilen.

Größere Verletzungen oder gar einen Unfall mit schwerwiegenden Folgen gab es während meiner Zeit in dieser Werkshalle nicht. Nur durch den rauhen Beton kam es immer wieder zu kleineren Verletzungen, die dann notdürftig mit einem Pflaster oder Verband abgedeckt wurden.

Nach dem Ende der Schicht hatten sich alle Gefangenen vor der Werkshalle in Dreierreihe mit dem Gesicht zum Hauptgebäude aufzustellen, sie wurden durchgezählt und zu den Duschen geführt. Etwa drei Gefangene teilten sich jeweils eine Dusche, und durch die kurze Duschzeit, die bewilligt wurde, war ein gründliches Waschen oft nicht möglich. Die Hektik war dementsprechend groß. Das Wasser wurde von den Wärtern nach einigen Minuten kommentarlos abgedreht. War ein Gefangener nicht rechtzeitig fertig, konnte er zusehen, wie er die Seife aus seinen Haaren bekam.

Rat der Lutherstadt Wittenberg
4600 Wittenberg Lutherstadt
Abt. Sozialwesen

Staatsanwalt des Bezirkes Halle

<u>*Möhring, Michael, - staatliche Vorauszahlungen*</u>

Wir zahlen ab Juli 1987 monatlich 45,00 M staatliche Vorauszahlungen für das Kind Sebastian Möhring, Wittenberg, Dr.-Richard-Sorge-Str. 32, geb. 14.02.82.

Bitte teilen Sie uns mit, wo der Kindesvater einsitzt und wann mit der Einstellung der Zahlung zu rechnen ist.

(Unterschrift) *Dubro*
Stadtrat für Gesundheits- und Sozialwesen

Rat der Stadt
Stadtrat für Gesundheits- und Sozialwesen
Lutherstadt Wittenberg

06.10.1987

Staatliche Vorauszahlung für das Kind Sebastian M ö h r i n g

Auf Ihre Anfrage in oben genannter Sache teile ich Ihnen mit, daß sich der Kindesvater Michael Möhring gegenwärtig in der Strafvollzugseinrichtung Karl-Marx-Stadt befindet. Da seit September ein Arbeitseinsatz möglich ist, wäre der Kindesvater in der Lage, anteiligen Unterhalt zu zahlen, und damit wären die Voraussetzungen für die Einstellung der Zahlung durch Sie gegeben. Ich empfehle, zuvor nochmals mit der Kindesmutter Rücksprache zu nehmen.

Mit sozialistischem Gruß
Im Auftrag
(Unterschrift) *Manneck - Staatsanwalt*

Halle, den 09.10.1987

Bezirksverwaltung für
Staatssicherheit Halle

Bestätigt: Leiter der BV
(Unterschrift)
Schmidt
Generalmajor

Entscheidungsvorschlag

Personalien

Name, Vorname: M ö h r i n g, Michael
[...]
Wiedereingliederung
Entlassungstermin: 03.12.1987
[...]

Sachverhalt:

Hält an ÜE fest, im Strafvollzug Verhalten ohne Beanstandungen

Vorgeschlagene Maßnahmen

Einleitung der OPK durch die KD Wittenberg am Tage der Haftentlassung
Zielstellung: Verhinderung provokativ-demonstrativer Handlungen zur Erzwingung der Übersiedlung

Vorbereitung der operativen Kontrollmaßnahmen in Abstimmung mit der BKG

Leiter des Einsatzstabes
(Unterschrift) *Hahn*
Oberstleutnant

Auszeichnungen provozierten Gewalt

Auf der Zelle lagen wir zu viert. Obwohl es viele politische Gefangene in der Haftanstalt von Karl-Marx-Stadt gab, lagen auf meiner Zelle nur normale Kriminelle.

Auf Ordnung und Sauberkeit in den Zellen wurde seitens der Wärter übermäßig streng geachtet. Wurde auch nur die kleinste Falte in der blauweiß karierten Bettdecke entdeckt oder lag ein Hemd nur ein wenig schief im Schrank, wurden alle Häftlinge in der Zelle dafür bestraft. Die Strafe konnte beispielsweise sein, daß eine frühere Auszeichnung widerrufen wurde, und so eine Zimmerpflanze, ein Bild an der Wand oder eine Tischdecke nicht mehr gestattet waren.

Auch die Nichterfüllung der Arbeitsnorm konnte eine solche Strafe nach sich ziehen.

Damit das Bett und die Kleidung akkurat lagen, wurden Bettdecke, Kopfkissen oder die Leibwäsche in den Schränken mit Zeitungen ausgestopft. So war es möglich, die Wäsche fast millimetergenau zu falten.

Die Menschen zu solch einem widersinnigen Verhalten zu zwingen, nannte die DDR »Erziehung«.

Die Entscheidungen der »Erzieher« führten innerhalb der Zelle oft zu Gewalttätigkeiten gegen denjenigen, dem es passierte, die kleinste Unaufmerksamkeit, die zum Verlust dieser »Vergünstigung« führte, zu begehen.

Halle, 02.11.1987

Vermerk

Am heutigen Tage wurde die Gerichtsakte im Ermittlungsverfahren gegen Möhring, Michael, auf Vollständigkeit überprüft. Es wurden keine Beanstandungen festgestellt. Alle Beweismittel sind vorhanden. Die Verplombung der Gerichtsakte ist unverletzt. Das Beurteilungsblatt wurde gefertigt und die Beiakte mit 14 Blatt am heutigen Tage vernichtet. Die im Besichtigungsprotokoll verfügten Maßnahmen wurden realisiert. Es befinden sich keine Gegenstände aus dem Verfahren beim Untersuchungsführer.

(Unterschrift)
Müller, Oltn.

Verlegung in eine andere Zelle

Ruhe war in der Haftanstalt von Karl-Marx-Stadt kaum zu finden. Besonders während der Nachtschicht fand man tagsüber nicht annähernd genügend Schlaf. Immer wieder wurde man durch den Krach des allgemeinen Haftbetriebes geweckt.

Nachts störte das ohrenbetäubende Bellen der unzähligen Hunde in den Zwingern unmittelbar vor den Fenstern des Zellengebäudes. Dieses Dauergebell raubte mir den Schlaf, den meine mittlerweile angespannten Nerven dringend nötig hatten. Immer öfter hatte ich wegen des Schlafmangels Sehstörungen, die sich darin äußerten, daß ich zeitweise doppelt sah.

Einen Teil des Schlafes holte ich in jeder freien Minute nach, die ich während der Arbeitszeit finden konnte. Das half anfangs etwas. Nach einiger Zeit forderte jedoch der Körper seine Erholungsphasen und gab sich nicht mehr mit kurzen Abschnitten Schlaf zufrieden. Dann halfen auch die wenigen Minuten, die man immer mal wieder während der Arbeitszeit fand, sofern man außer Sicht der »Meister« war, nichts mehr, um die Müdigkeit zu verscheuchen. Andere Gefangene verhielten sich ebenso.

Besser hatten es die Kranführer, die oben in ihrer Kabine die Augen schlossen, sobald sie einmal nichts zu tun hatten. Ich beneidete sie darum.

Irgendwann wurde ich mehr und mehr zu einem Nervenbündel. Ende Oktober beantragte ich schließlich die Verlegung auf die gegenüberliegende Seite der Haftanstalt, um wenigstens nicht mehr dem direkten nächtlichen Hundegebell ausgesetzt zu sein, was auch genehmigt wurde.

In der neuen Zelle gab es keine Zwinger vor dem Fenster, und das Hundegebell auf der anderen Seite des Gebäudes war nicht mehr so laut zu hören. Bei geschlossenem Fenster war es zu ertragen.

Die neue Zelle hatte noch einen weiteren positiven Effekt. Die Zellengenossen waren nicht so aggressiv, wie in der Zelle, in der ich zuvor lag. Wo ich nun lag, versuchte man nicht, mittels Schleimereien und sichtbarer Unterwürfigkeit bei den »Erziehern« ein paar Begünstigungen zu bekommen. So war das Warten auf die Entlassung um einiges erträglicher geworden.

Wittenberg, den 30.11.1987

Kreisdienststelle Wittenberg

bestätigt:
Leiter der Kreisdienststelle
i. V. (Unterschrift) *Bolewski*
Oberstleutnant

Einleitungsbericht zur Durchführung der operativen Personenkontrolle

»Pfleger II«, Reg.-Nr. VIII 2529/87

Es wird vorgeschlagen, zu der Person
Name, Vorname: Möhring, Michael
[...]

eine operative Personenkontrolle einzuleiten.

Operative Anhaltspunkte

[es folgt eine Auflistung meiner bisherigen »Vergehen«]

Da der M., basierend auf den Beschluß des Staatsrates über die allgemeine Amnestie, am 03.12.1987 aus der StVE Karl-Marx-Stadt entlassen wird und von ihm weitere feindlich-negativen Aktivitäten zu erwarten sind, macht sich gemäß des durch den Leiter der BV Halle, Genosse Generalmajor Schmidt, bestätigten Entscheidungsvorschlages eine OPK mit folgender Zielstellung erforderlich:

Vorbeugende Verhinderung provokativ-demonstrativer Handlungen zur Erzwingung der Übersiedlung des M. nach der BRD.

Vorbeugende schadensabwendende Verhinderung strafbarer Handlungen gemäß § 213 StGB durch dem M.

Weitere Aktivitäten zur Rückgewinnung des M.

Ref.-Ltr. UG/PID
(Unterschrift)
Schuster – Major

Operativer Mitarbeiter
(Unterschrift)
Walther - Ofw.

Der erste Lichtblick

Mein Entlassungstermin wurde mir Ende November durch den »Erzieher« mitgeteilt. Er wurde auf den 3. Dezember 1987 festgelegt.

Mit diesem Entlassungsdatum hatte ich wieder ein Ziel vor den Augen und das Warten fiel mir etwas leichter. Während der letzten Wochen sah ich immer wieder neue Häftlinge nach Karl-Marx-Stadt kommen, die ebenfalls unter die Amnestie fielen und vor mir nach Hause gehen durften. Ein Konzept schien hinter den Entlassungen nicht zu stehen. Es hatte nur den Anschein, als ob politische Gefangene später begnadigt wurden, als normale Kriminelle.

Als das Gefängnis ziemlich leer war, kamen die ersten Verurteilten, die nicht unter den Amnestiebeschluß fielen. Zum Zeitpunkt meiner Entlassung befanden sich wohl weniger als einhundert Häftlinge im gesamten Gefängnis. Immer wieder wurden wir in neue Zellen zusammengelegt, und einige Trakte waren völlig leer.

Der Anteil der Strafgefangenen, die wegen ihrer späten Verhaftung nicht unter die Amnestie fielen, war verschwindend klein.

Als mir der Entlassungstermin mitgeteilt wurde, bekam ich auch die Anschrift, wo ich nach meiner Haftentlassung wohnen werde. Ich war froh, nicht wieder zurück ins kleine Kinderzimmer der Wohnung von meiner geschiedenen Frau zu müssen.

Wittenberg, den 30.11.1987

Kreisdienststelle Wittenberg

bestätigt:
Leiter der Kreisdienststelle
i. V. (Unterschrift) *Bolewski*
Oberstleutnant

Maßnahmeplan zur Durchführung der OPK »Pfleger II«

Zur Realisierung der im Einleitungsbericht fixierten Zielstellung werden folgende Maßnahmenkomplexe vorgeschlagen:

Einsatz von IM/GMS[45] *und der KP*[46] *»Ullrich« im Arbeitsbereich des M. mit dem Ziel der Aufklärung der Pläne, Ziele und Absichten sowie Mittel und Methoden des M. bei der Durchsetzung seiner Übersiedlungsabsichten und der Kontrolle zur vorbeugenden schadensabwendenden Verhinderung von feindlich-negativen und öffentlichkeitswirksamen Demonstrativhandlungen.*

Termin: 03.12.1987
Verantwortlich: Ofw. Walther
Kontrolle: Ref.-Ltr.

Suche und Auswahl weiterer KP und IM zur Aufklärung der Kontakte des M. zu operativ interessanten Personen im Wohn- und Freizeitbereich.

Termin: 20.12.1987
Verantwortlich: Ofw. Walther
Kontrolle: Ref.-Ltr.

Koordinierung des pol.-op. Zusammenwirkens mit den Partnern des VPKA und des Rates des Kreises, Abt. Innere Angelegenheiten, mit dem Ziel der Kontrolle des M. und der Verhinderung feindlich-negativer öffentlichkeitswirksamer Demonstrativhandlungen. Instruierung[47] *und Einsatz des OibE*[48] *in der Abteilung Inneres.*

Termin: 18.12.1987
Verantwortlich:
Ofw. Lauenroth
Ofw. Walther
Kontrolle: Ref.-Ltr.

---

[45] inoffizieller bzw. gesellschaftlicher Mitarbeiter für Sicherheit (MfS)
[46] Kontaktperson - hier ist die damalige Chefin der Hufeland-Klinik gemeint.
[47] in Kenntnis setzen
[48] Offizier im besonderen Einsatz

Erarbeitung eines Sachstandes, Einschätzung der erreichten Ergebnisse und Entscheidung über die Durchführung weiterer pol.-op. Maßnahmen.

Termin: 20.02.1988
Verantwortlich: Ofw. Walther
Kontrolle: Ref.-Ltr.

Die Realisierung aller operativen Maßnahmen erfolgt in ständiger Abstimmung mit der BKG der BV Halle.

Termin: ständig
Verantwortlich: Ofw. Lauenroth, Ofw. Walther
Kontrolle: Ref.-Ltr.

Ref.-Ltr. UG/PID
(Unterschrift)
Schuster - Major

Operativer Mitarbeiter
(Unterschrift)
Walther - Ofw.

Es gab immer noch das Gerücht, daß nach der Haftentlassung alle Entlassenen, sofern sie einen Ausreiseantrag gestellt hatten und weiterhin dazu standen, in den Westen abgeschoben werden. Anzeichen gab es dafür allerdings immer noch nicht.

Auch die Tatsache, daß mir nach der Haftentlassung eine neue Wohnung zugewiesen wurde, ließ mich an eine Abschiebung nach der Haft zweifeln. Erklären konnte ich mir diese Sache nicht. Politisch Andersdenkende, die mittels Gerichtsurteil kriminalisiert wurden, brachten der DDR bei ihrer Abschiebung nach Westdeutschland oder Westberlin eine Menge Devisen ein. Sollte die DDR darauf verzichten? Wenn nein, warum wurde dann nicht sofort mit der Abschiebung der freigelassenen Gefangenen begonnen? Und welchen Sinn sollte es machen, die Gefangenen erst in die

DDR zu entlassen und anschließend abzuschieben? Wollte die DDR-Führung so den Eindruck einer weiteren Ausreisewelle umgehen?

Sollte es nicht zu einer Abschiebung kommen, stände ich bei meiner Haftentlassung nicht besser da, als bei der Entlassung aus Torgau am 6. Dezember 1979.

Das gab mir zu denken. Sollte ich alles auf eine Karte gesetzt und schließlich doch verloren haben?

Wenn das Warten zur Qual wird

Einige Gefangene, die Zutritt zu Räumen hatten, die nur selten von den Wärtern kontrolliert wurden, setzten in Essenkübeln Brotwein an. Er schmeckte fürchterlich, doch er benebelte die Sinne wie richtiger Wein.

An den Tagen danach konnten wir weder leben noch sterben. Doch wir tranken ihn wieder und wieder. Wir tranken ihn aus Langeweile, und um wenigstens für ein paar Stunden der Wirklichkeit zu entfliehen. Die Zeit bis zur Entlassung kam uns dann nicht mehr so lang vor.

Glücklicherweise wurden wir beim Trinken dieses Gesöffs nie erwischt. Die allzu strengen Kontrollen ließen während der Zeit, wo das Gefängnis fast leer war, spürbar nach. Gearbeitet wurde nur noch, um die Zeit totzuschlagen. Den Gefangenen war die Arbeitsnorm egal und die Wärter verzichteten schon lange auf Bestrafung bei nicht erfüllter Norm. So konnten wir in irgendeiner Ecke unseren Rausch ausschlafen.

Kurz vor der Entlassung wurde ich, zusammen mit denen, die am gleichen Tag entlassen wurden, von den anderen Häftlingen getrennt. Viele hatten die Befürchtung, kurz vor der Haftentlassung noch einmal die Haare kurzgeschoren zu bekommen. Das war bei einigen Entlassungskandidaten tatsächlich der Fall gewesen und war für die Gefangenen sehr unangenehm und oftmals die letzte Schikane der Wärter.

Die Stunden vor der Entlassung

Die letzten Tage in einem Gefängnis sind wohl die längsten. Die Stunden scheinen nicht vorüberzugehen, und ich fürchtete deshalb, in der letzten Nacht nicht einschlafen zu können, was die Wartezeit noch verlängern würde.

Die Entlassung kam schließlich, wie sie kommen sollte. Nichts lief schief, und so verließ ich am Donnerstag, den 3. Dezember 1987, am frühen Morgen die Strafvollzugseinrichtung von Karl-Marx-Stadt.

Laufzettel/Abgangsverhandlung

Mein Eigentum ist mir vollzählig ausgehändigt worden. Meinen bei den Werteffekten verwahrten Wehrpaß habe ich ausgehändigt erhalten. Ich habe während meiner Inhaftierung keinen meldepflichtigen Unfall erlitten.

Über die Fragen der Wiedereingliederung wurde ich belehrt. Wohnung und Arbeitsstelle sind mir bekannt.

Ich erhielt die Auflage, mich innerhalb von 48 Stunden beim zuständigen VPKA, Abteilung Paß- und Meldewesen, und beim örtlichen Rat, der die Wiedereingliederung durchführt, zu melden.

(Unterschrift)
Unterschrift und Dienstgrad eines Wärters

(meine Unterschrift)
Unterschrift des Entlassenen

Entlassungsschein

Herr M ö h r i n g, Michael

PKZ: 081258410623 wurde am 03.12.1987 aus der Strafvollzugseinrichtung Karl-Marx-Stadt nach Wittenberg, Heubnerstraße 28 entlassen.

Dieser Entlassungsschein gilt bis 04.12.1987 als Legitimation.

Obengenannter befand sich seit 02.07.1987 im Strafvollzug. Der Ausweis für Arbeit und Sozialversicherung wurde ausgehändigt.

Eigengeld in Höhe von 197,-- Mark erhalten.

Personalausweis an VPKA Wittenberg am 04.09.1987 gesandt.

(Unterschrift)
OSL d. SV

Wache passiert am 03.12.1987, 06.55 Uhr

Die Zeit nach der Entlassung

Meine neue Wohnung in der Heubnerstraße 28 war eine kleine Zweiraumwohnung im Hinterhof mit Küche, Ofenheizung und Plumpsklo hinter dem Haus. Warmwasser fehlte ebenso wie eine Fernsehantenne, was meinen Informationshunger empfindlich störte.

In den ersten Tagen gab mir mein Onkel, bei dem ich nach meiner Haftentlassung im Jahre 1979 wohnte, ein paar Kohlen, damit ich wenigstens *ein* Zimmer heizen konnte. Alle meine Möbel standen noch in Martinas Wohnung. Die ersten Nächte schlief ich deshalb bei meiner Oma auf der Couch. Nach ein paar Tagen borgte mir mein Onkel seinen Handwagen, und noch am selben Tag begann ich, meine Möbel und andere persönliche Sachen in meine neue Wohnung zu fahren.

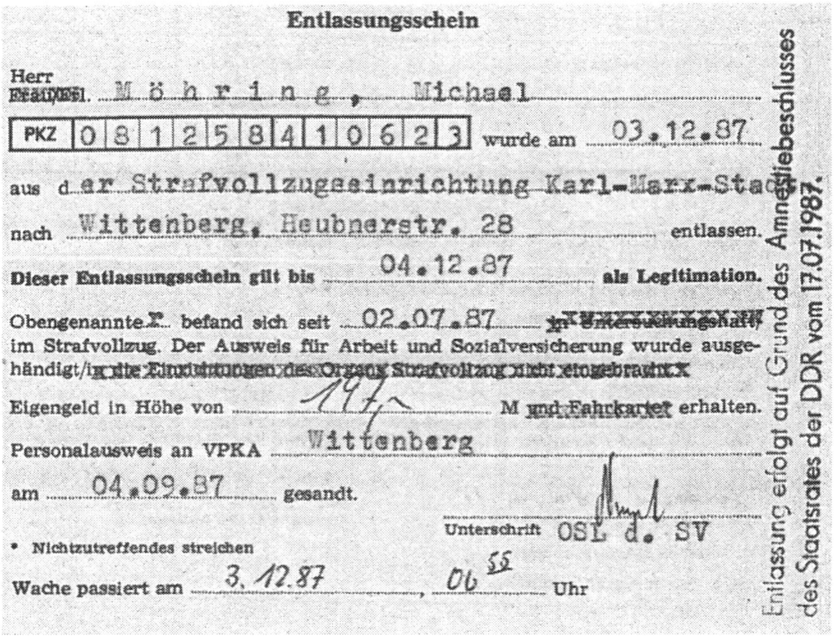

Entlassungsschein

Herr
~~Frau/Frl.~~ Möhring, Michael

PKZ 081258410623 wurde am 03.12.87

aus der Strafvollzugseinrichtung Karl-Marx-Stadt

nach Wittenberg, Heubnerstr. 28 entlassen.

Dieser Entlassungsschein gilt bis 04.12.87 als Legitimation.

Obengenannte r* befand sich seit 02.07.87 ~~in Untersuchungshaft/~~ im Strafvollzug. Der Ausweis für Arbeit und Sozialversicherung wurde ausgehändigt/~~in die Einrichtungen des Organs Strafvollzug nicht eingebracht.~~

Eigengeld in Höhe von 197,- M ~~und Fahrkarte*~~ erhalten.

Personalausweis an VPKA Wittenberg

am 04.09.87 gesandt.

Unterschrift OSL d. SV

* Nichtzutreffendes streichen

Wache passiert am 3.12.87, 06 55 Uhr

Entlassung erfolgt auf Grund des Amnestiebeschlusses des Staatsrates der DDR vom 17.07.1987.

Etliche Male fuhr ich mit diesem Handwagen bis tief in die Nacht durch Wittenberg. Zum Glück besaß ich keine großen Gegenstände wie Waschmaschine oder Kühlschrank, so konnte ich alle meine Möbel mit diesem kleinen Handwagen transportieren. Diese Aktion beanspruchte das gesamte Wochenende. Am Montag sollte ich die Arbeit in der Hufeland-Klinik wieder aufnehmen.

Daß meine Arbeitsstelle weiterhin die Hufeland-Klinik sein sollte, ist nach Akteneinsicht aus heutiger Sicht verständlich. Hier hatte das MfS in der Chefärztin eine Kontaktperson, die mich gut kannte. Zwar hielt ich es nach der Haftentlassung für besser, auf der Arbeitsstelle jedes Wort auf die Goldwaage zu legen, doch der Umfang, der über mich zusammengetragen und der Staatssicherheit übergeben wurde, erstaunte mich bei der Akteneinsicht doch. Allerdings war nichts dabei, was mich hätte in Gefahr bringen können. Wie auch bei der Amnestie 1979 war die Reststrafe nur auf Bewährung ausgesetzt, und ich hätte leicht wieder ins Gefängnis wandern können.

Es war schwer für mich, in die Hufeland-Klinik zu gehen, denn ich schämte mich, weil ich im Gefängnis gewesen war. Wieder kam ich mir vor wie ein Verbrecher, der auf frischer Tat gestellt wurde, und auf den nun jeder mit dem Finger zeigen durfte.

Am Freitag, einen Tag nach meiner Entlassung, ging ich zur nächstbesten Telefonzelle und rief die Klinik an. Die Chefärztin ging ans Telefon und zeigte sich mitfühlend. Ich fragte sie, wann ich Montag in die Klinik kommen soll. »Sie wissen doch, wann wir frühstücken«, antwortete sie, und ihre Antwort erleichterte mich. Sie machte mir den Beginn so leicht wie möglich.

Der Ausreiseantrag der Chefsekretärin, Frau Biebeler, war bisher noch nicht genehmigt worden. Aus Sicherheitsgründen sprachen wir nur dann miteinander, wenn wir sicher waren, uns würde niemand beobachten. Unseren privaten Kontakt ahnte niemand, auch hatte nie jemand erfahren, daß ich ihre Tochter in Gitarre unterrichtete. Wenn man nicht viel über sich preisgab, wußte das MfS auch wenig über einen.

Es gab mir viel Halt, in dieser kleinen Klinik, die nicht mehr als eine Handvoll an Personal hatte, nicht der einzige zu sein, der einen Übersiedlungsantrag gestellt hatte.

Katharina Spanowski

Während meiner Haftzeit hatte eine neue Schwester ihre Arbeit in der Hufeland-Klinik aufgenommen. Ihr Name war Katharina Spanowski. Sie war elfeinhalb Jahre jünger als ich, sehr ruhig, wußte aber, was sie wollte und konnte sich durchsetzen. Bei den Kollegen war sie beliebt.

Schon bald war sie neben Frau Biebeler die einzige Person, zu der ich festes Vertrauen hatte. Ich sprach mit ihr über meinen Wunsch, nach Westdeutschland zu ziehen, und daß ich alles unternehmen werde, dieses Ziel auch zu erreichen. Zu meinem Erstaunen sagte sie, daß sie mit mir in den Westen gehen würde, sollte ich abgeschoben werden, und dazu, wenn nötig, einen Übersiedlungsantrag stellen.

Es dauerte nicht lange, und aus unserer Freundschaft wurde eine feste Beziehung. Nur wenige Wochen nach meiner Haftentlassung verlobten wir uns. In der Hufeland-Klinik bekam von dieser Beziehung niemand etwas mit. Ich stand unter Beobachtung und wollte auf keinen Fall riskieren, daß das MfS auf Katharina aufmerksam wurde.

Mit jedem Tag unserer Beziehung war es Katharina ernster, mit mir in den Westen zu gehen. Wir kamen darüber überein, sie solle erst nach meiner Übersiedlung einen Antrag auf Ausreise stellen. Solange ich nicht wußte, ob mein Antrag genehmigt werden würde, machte es bei Katharina wenig Sinn, ebenfalls einen Antrag zu stellen. Ich versprach, sie nach meiner Übersiedlung von der Bundesrepublik aus zu unterstützen. Sie sollte dann einen Antrag auf Übersiedlung zwecks Heirat stellen. Wir hofften damals, ein derartiger Antrag würde eventuell genehmigt werden. Ein Ausreiseantrag nach meiner Übersiedlung ersparte ihr zudem die Notwendigkeit, bei der Begründung ihres Antrags politische Gründe hervorbringen zu müssen.

Katharina wohnte noch bei ihren Eltern am Rand von Wittenberg. Ich fuhr fast täglich mit dem Moped dorthin und war mir ziemlich sicher, auf der Fahrt zu ihr nicht beobachtet zu werden. Wenn Katharina zu mir kam, geschah das fast ausschließlich in den dunklen Abendstunden. Wir achteten streng darauf, daß kein Nachbar unsere Beziehung bemerkte.

Eine Überprüfung Katharinas durch das MfS war das Letzte, was wir gebrauchen konnten.

Die erhoffte Benachrichtigung

Im Januar 1988 wurde ich zum Rat des Kreises Wittenberg, Abteilung Innere Angelegenheiten, geladen.

Ohne weitere Begründung gaben mir die Beamten dort eine Liste, wo die Adressen meiner Bank, dem Stromversorger, der Bibliothek und anderen Einrichtungen standen. Diese hatte ich in den nächsten Tagen aufzusuchen, um mir bestätigen zu lassen, daß sie mir gegenüber keinerlei Forderungen hatten. Gleichzeitig wurde ich aufgefordert, mich beim Wehrkreiskommando abzumelden. Um alle Stempel und Unterschriften zu besorgen, hatte ich eine Woche Zeit. Ich hatte keinerlei Verbindlichkeiten und so fiel es mir nicht schwer, alle nötigen Bestätigungen zu bekommen.

Warum ich das machen sollte, sagte man mir wegen der üblichen Geheimniskrämerei zwar nicht, aber mir war klar, diese Liste konnte nur meine baldige Übersiedlung bedeuten. Mein Antrag war also genehmigt. Was ich all die Jahre erhofft hatte, sollte nun endlich eintreten, und doch war mir bei dem Gedanken daran etwas mulmig.

Als ich alle Unterschriften auf dieser Liste eingesammelt hatte, was für mich keine Schwierigkeit war, schickte ich sie der Abteilung Inneres.

Kollegium der Rechtsanwälte im Bezirk Halle
Zweigstelle Wittenberg

Wolfgang Gäbler
Rechtsanwalt

4600 Wittenberg Lutherstadt
Rosa-Luxemburg-Str. 6

Staatsanwalt des Bezirkes Halle
Kleine Steinstr. 7
H a l l e (Saale)

12.01.1988

Sehr geehrter Herr Bezirksstaatsanwalt!

In der Strafsache gegen

Michael M ö h r i n g
teile ich mit, daß mein Mandant auf Grund der Amnestie aus der Strafvollzugseinrichtung entlassen wurde. Mein Mandant teilt mir mit, daß

bei ihm im Zusammenhang mit seiner Inhaftierung 2 der Kirche gehörende Bücher sowie sein Abschlußzeugnis der 10. Klasse beschlagnahmt wurden.

Er bittet darum, daß ihm diese Dinge zurückgegeben werden. Ich bitte daher, Entsprechendes zu veranlassen.

Hochachtungsvoll
(Unterschrift)
Rechtsanwalt

Halle, 01.02.1988

Bezirksverwaltung für Staatsicherheit
Diensteinheit Untersuchungsabteilung

Staatsanwalt des Bezirkes
- Abteilung I A –
H a l l e

Genn. Manneck

Bezugnehmend auf das am 29.01.1988 geführte Telefonat in der Strafsache M Ö H R I N G, Michael, [...] *wird mitgeteilt, daß die im Ermittlungsverfahren gegen den Obengenannten beschlagnahmten 2 Broschüren mit dem Titel »Wozu Gott« und »Tychikus und Antwort von oben« nach Aufhebung der gerichtlichen Beschlagnahme dem Eigentümer dieser Druckerzeugnisse zugeleitet wurden.*

Des weiteren wurde die im gleichen Ermittlungsverfahren beschlagnahmte Briefsendung, Abs.: Bernd Böttcher [...]*, aufgrund deren Inhalts und sich daraus ergebener Hinweise auf Verstöße gegen die §§ 1, 3 und 5 sowie 8 Abs. 1 – 3 der Anordnung über das Genehmigungsverfahren für die Herstellung von Druck- und Vervielfältigungserzeugnissen im Original an die territorial zuständigen staatlichen Organe nach Zerbst versandt, wo die Prüfung von Ordnungsstrafmaßnahmen gegen den BÖTTCHER erfolgt.*

(handschriftlich:) *Rücksprache mit Ref.-Leiter*
Zeugniskopie ist lt. Unterlagen der UHA mit in SV gegangen.

(Unterschrift) *Manneck*

Leiter der Abteilung
(Unterschrift) *Stenker - Oberstleutnant*

Halle, 01.02.1988

Abteilung IX

Bezirksverwaltung
für Staatssicherheit Magdeburg
Kreisdienststelle Zerbst

M a g d e b u r g

Ermittlungsverfahren gegen Möhring, Michael, [...]

Mit Schreiben vom 04.08.1987 wurde eine Kopie der bei der Durchsuchung der Wohnräume des Beschuldigten MÖHRING beschlagnahmten Briefsendung zur weiteren Veranlassung übersandt.

Es folgte keine Rückinformation.

Weil sich aus der Art und Weise der Herstellung und dem Inhalt dieser Briefsendung Hinweise auf Verstöße gegen die §§ 1, 3 und 5 sowie 8 Abs. 1 – 3 der Anordnung über das Genehmigungsverfahren für die Herstellung von Druck- und Vervielfältigungserzeugnissen vom 20.07.1959 ergeben, und dazu keine Mitteilung über eingeleitete Maßnahmen vorliegt, wird als Anlage das Original der Briefsendung zur Prüfung der Einleitung von Ordnungsstrafmaßnahmen gegen den Absender Bernd BÖTTCHER [...], *in eigener Zuständigkeit übersandt.*

Anlage: 1 Brief vom 18.06.1987

Leiter der Abteilung
(Unterschrift) *Stenker*

Übersiedlung nach Westdeutschland

Am 5. Februar 1988 lud mich die Abteilung Innere Angelegenheiten in Wittenberg ein letztes Mal vor. Dort fragten mich die Beamten, ob ich bei meinem Vorhaben, die DDR verlassen zu wollen, bleibe. Falls ich weiterhin auf meine Übersiedlung bestehe, würde mir heute die Staatsbürgerschaft aberkannt werden, und ich müßte die DDR in Richtung »kapitalistisches Ausland« verlassen.

Plötzlich reichte ein einfaches »Ja«, um nach Westdeutschland übersiedeln zu können. Keine jahrelange Haft, keine Diskussionen, keine Auflagen und keine Angst mehr. In diesem Moment reichte ein Kopfnicken, und alles, was ich wollte, würde sich erfüllen.

Nicht andere entschieden jetzt über mich und mein zukünftiges Leben, und ich brauchte nicht monatelang auf eine Entscheidung zu warten. Ich konnte es gleich und jetzt und selbst tun. Das war ein überwältigendes Gefühl! Ein Gefühl von Freiheit, wie ich es nie zuvor erlebt hatte. Kein anderer herrschte über mich, keiner meinte, seine Meinung sei richtiger als die meine, keiner machte sich über meine Ansichten lustig und beleidigte mich damit schlimmer, als es die beiden Worte *menschenverachtende Mauer* für den Staat taten.

Und ich durfte etwas tun, was den allermeisten DDR-Bürgern verboten war, nämlich in den Zug steigen und die ganze Welt bereisen.

Ein Gefühl von Stolz stieg in mir auf. Ich hatte dieses System besiegt. Nach all den Niederlagen, die ich erlitten hatte, nach all den Strapazen und Demütigungen, bin ich doch am Ende als Sieger hervorgegangen.

Urkunde

Michael Möhring

geboren am 08. Dezember 1958 in Lutherstadt Wittenberg wohnhaft: Lutherstadt Wittenberg, Heubnerstraße 28

wird gemäß § 10 des Gesetzes vom 20. Februar 1967 über die Staatsbürgerschaft der Deutschen Demokratischen Republik (GB1.I S. 3) aus der Staatsbürgerschaft der Deutschen Demokratischen Republik entlassen.

Die Entlassung aus der Staatsbürgerschaft der Deutschen Demokratischen Republik wird gemäß § 15 Abs. 3 des Staatsbürgerschaftsgesetzes mit der Aushändigung dieser Urkunde wirksam.

Halle (Saale), den 29.01.1988
Ausgehändigt am 05. Februar 1988

(meine Unterschrift)

Und doch hatte die Ausreise auch eine traurige Seite für mich. Das wurde mir in dem Moment klar, als mir die Abteilung Innere Angelegenheiten die Urkunde aushändigte. Ich würde in der Bundesrepublik Deutschland allein sein. Es wird niemand da sein, zu dem ich gehen könnte, es wird niemand da sein, der mich erwartet. All mein Besitz wird Platz in einem Koffer haben. Ich war fast 30 Jahre alt und würde wieder ganz von vorn anfangen.

So sehr diese Gedanken auch betrübten, wichtiger war mir die Gewißheit, nie mehr in den frühen Morgenstunden abgeholt und jahrelang ins Gefängnis gesteckt zu werden. Die DDR selbst würde ich nicht eine Minute lang vermissen, da war ich mir sicher. Zuviel hatte sie mir angetan. In diesem Land hatte ich keine Sicherheit. Solange ich auf dem Gebiet der DDR war, hatte ich Verfolgung und Haft zu fürchten.

Den Neuanfang im Westen Deutschlands stellte ich mir nicht einfach vor, er schreckte mich jedoch nicht. Ich hatte weder Angst, keine Arbeit zu finden, noch davor, obdachlos zu werden. Ich war mir sicher, wenn ich mich genügend um meine Angelegenheiten kümmere, wird sich immer ein Weg finden.

Damals ahnte ich noch nicht, wie kurz die DDR vor ihrem Ende stand. Wäre der Umsturz früher abzusehen gewesen, hätte ich die kurze Zeit bis zum Mauerfall abgewartet und nicht meinen ganzen persönlichen Besitz aufgegeben, den ich bei der Übersiedlung zurücklassen mußte.

Doch die Ereignisse zu Pfingsten an der Berliner Mauer schienen eine Eintagsfliege gewesen zu sein. Nichts deutete darauf hin, daß sich derartige Ereignisse wiederholen würden.

Abschied von Verwandten und Freunden

Mit der Aushändigung der Urkunde über die Aberkennung der Staatsbürgerschaft sagte man mir, ich müsse noch in derselben Nacht mit dem Zug die DDR verlassen. Ich war darauf vorbereitet.

Den Rest des Tages verbrachte ich damit, mich von meinen Verwandten und Bekannten zu verabschieden.

Die Trennung von meinen Verwandten machte mir weniger Sorgen. Meine Eltern durften bereits einmal in die Bundesrepublik Deutschland reisen und hätten sicher keine Schwierigkeiten, mich zu besuchen. Auch für meine Großeltern und einigen anderen Verwandten würde es keine großen Umstände bereiten, denn sie waren bereits im Rentenalter (beides bestätigte sich).

Freunde würde ich nicht vermissen, weil der Kontakt zu ihnen eingeschlafen war (auch hier flammte er nicht mehr auf, nachdem die Mauer gefallen war).

Natürlich war mir klar, daß ich mit großer Wahrscheinlichkeit das Gebiet der DDR nie wieder betreten dürfte. Doch es blieb immer noch die

Möglichkeit, telefonisch in Verbindung zu bleiben, auch wenn das, wie ich später feststellen mußte, oft mit erheblichen Schwierigkeiten verbunden war. Denn oft dauerte es Stunden, ehe man endlich eine Verbindung bekam.

Auf dem Bahnhof

Alles, was ich auf dem Weg zum Bahnhof bei mir hatte, war ein Koffer und eine Umhängetasche. Vieles was mir lieb und teuer war, mußte ich zurücklassen. Meine Oma gab mir das Versprechen, einige meiner Sachen mit der Post nachzuschicken, was sie einige Monate später auch tat.

Katharina kam, wie sie es mir versprochen hatte, nachts zum Bahnhof, um sich zu verabschieden. Ihre Mutter begleitete sie.

Wir nahmen keinen Kontakt auf, um sie nicht zu gefährden. So sah ich sie und ihre Mutter nur von weitem. Immer wieder kreuzten sich unsere Blicke. Sie standen in Fahrtrichtung des Zuges, ich am vorletzten Waggon. So war es möglich, uns noch einmal nahe zu sein, wenn mein Waggon an sie vorbeifährt. Doch als ich den Zug bestiegen hatte, konnte Katharina nicht mehr an sich halten und rannte zu mir. Es war ihr egal, was für Folgen das für sie haben könnte. Ich stieg wieder aus und wir lagen uns ein letztes Mal in den Armen. Ihr ganzes Gesicht war mit Tränen bedeckt.

Ich versprach, so oft wie möglich zu schreiben. Schließlich kam auch ihre Mutter, und so verabschiedete ich mich auch von ihr.

Ich stieg wieder in den Zug und langsam setzte er sich in Bewegung. Katharina klammerte sich an ihre Mutter und rief mit zitternder Stimme, ich solle sie auf keinen Fall vergessen. Dann winkte sie mir zu, bis der Zug aus ihrem Blickfeld verschwunden war.

Nachdem ich beide aus den Augen verloren hatte, war ich selbst den Tränen nah. Das, wofür ich elf Jahre gekämpft hatte, stellte ich jetzt in

Zweifel. War es die richtige Entscheidung? Werde ich Katharina nachholen können?

Sobald es mir möglich war, wollte ich ihr schreiben. Doch ich hegte Zweifel, ob meine Briefe sie je erreichen würden.

Meine ersten Schritte in der westlichen Welt

Während der Fahrt in Richtung Grenze beobachtete ich die Menschen in meinem Abteil. Zu gerne hätte ich ihnen gesagt, daß ich nicht, im Gegensatz zu ihnen, vor der Grenze aussteigen muß. Meine Fahrkarte reichte bis über die Grenze der DDR hinaus.

Doch noch hatte ich es nicht geschafft. Momentan war ich immer noch auf dem Gebiet der DDR, auf dem viel passieren konnte.

Mit jeder Sekunde entfernte ich mich von Wittenberg und kam der Staatsgrenze immer näher. Am Grenzbahnhof hinter Eisenach hielt der Zug für eine lange Zeit. Das gesamte Gebiet war hell erleuchtet. Nun konnte ich miterleben, wie der Zug kontrolliert wurde. Wie oft haben wir darüber spekuliert, als wir im Gefängnis über Fluchtmöglichkeiten nach Westdeutschland sprachen. Doch ich bemerkte von den Kontrollen nicht viel. Ich verließ mein Abteil nicht und wartete darauf, daß die DDR-Grenzsoldaten meine Papiere kontrollierten.

Im Zugabteil saßen außer mir fünf weitere Leute. Ein Ehepaar mir gegenüber hatte scheinbar die Genehmigung bekommen, in den Westen reisen zu dürfen. Die Frau war sehr aufgeregt und redete wieder und wieder auf ihren Mann ein, er solle alles tun, was die Grenzsoldaten von ihm verlangen. Sie hatte scheinbar Angst, die Reise aus irgendwelchen Gründen noch abbrechen zu müssen.

Links neben dem Paar saß ein Westdeutscher, der damit angab, schon überall in der Welt gewesen zu sein. Er war, im Gegensatz zu dem DDR-

Paar, vollkommen ruhig, was die Grenzkontrolle anging, und ich sah ein letztes Mal, wie eingeschüchtert doch die DDR-Bürger vor dem Staatsapparat waren.

Ich sagte nichts, ich wollte nur, daß alles so schnell wie möglich vorüber war. Ein leichtes Unwohlsein überkam mich, als meine Ausweispapiere kontrolliert wurden, und ich atmete tief durch, als man sie mir wieder zurückgab und sich der Zug endlich wieder in Bewegung setzte. Wie gern hätte ich den Weltenbummler gefragt, wie lange die Fahrt noch geht, wie lange es noch dauert, bis der Zug Westdeutschland erreicht hat. Sicher wußte er genau über den Ablauf der Fahrt über die Grenze Bescheid.

Doch ich schwieg und starrte durch das Fenster in das Lichtermeer des Bahnhofsgeländes.

Nach wenigen Minuten Fahrt war es draußen stockdunkel und auch kein Licht in der Ferne war zu erkennen. Ich erinnerte mich daran, wie mir eine Bekannte vor langer Zeit sagte: »Sobald der Zug nicht mehr so rukkelt, sondern ruhig über die Gleise fährt, bist du im Westen.« Ich hielt das für einen Scherz auf Kosten der Deutschen Reichsbahn, doch es stellte sich als wahr heraus.

Endlich hielt der Zug an einem Bahnhof. Auf dem Ortsschild konnte ich erkennen, daß es sich um die Ortschaft Bebra handelte. Dieser Name sagte mir nichts und ich bedauerte, keinen Atlas mitgenommen zu haben.

Ich stieg aus und versuchte auf dem Bahnhof irgendeinen Anhaltspunkt zu finden, ob ich nun schon im Westen war oder noch nicht. Der Bahnhof war sehr klein und ich rannte auf dem Bahnsteig entlang, bis ich die Straße des Ortes sehen konnte. Dort sah ich die Lichtreklame von McDonald's und mir fiel ein Stein vom Herzen. Ich hatte es geschafft! Ich hatte die DDR verlassen und war in Westdeutschland!

Es kam mir vor wie ein Traum, und ich hatte Angst davor, aufzuwachen. Als ich wieder in mein Abteil zurückkam, konnte ich meine Unruhe kaum unterdrücken. Trotzdem sagte ich im Zugabteil nichts. Die Mitreisenden hatten sicher ihre eigenen Probleme.

Meine nächste Station sollte das Auffanglager in Gießen sein.

Was geschah nach meiner Übersiedlung?

Die ersten Tage in meiner neuen Heimat sah ich oft auf einen Kalender. Wenn es das Schicksal anders gewollt hätte, würde ich noch bis zum 1. Oktober 1988 im Gefängnis sitzen. So genoß ich jeden Tag in Freiheit doppelt.

In der DDR war ich aufgrund meiner dortigen Beschränkungen in der Situation, in kein anderes Land der Welt reisen zu dürfen, ja ich durfte zeitweise noch nicht einmal den Kreis Wittenberg verlassen. Jetzt durfte ich in jedes Land der Welt fahren, mit Ausnahme der DDR.

Nachdem alle Formalitäten im Auffanglager Gießen abgeschlossen waren, zog ich nach Bremerhaven. Das Bundesland Bremen war eines der wenigen Länder, die zu dieser Zeit Übersiedler aus der DDR aufnahmen. In Gießen bekam ich eine Liste, was ich bei meiner Ankunft in meiner neuen Heimatstadt zu tun hätte.

Mehr aus Unsicherheit heraus versuchte ich, mich so schnell wie möglich bei den Behörden zu melden und alle meine anstehenden Wege zu erledigen.

In der Tasche hatte ich 200,-- DM, die ich vom Auffanglager Gießen bekam, und von denen ich die erste Zeit leben mußte. Ich richtete mir ein Konto bei der Sparkasse ein und zahlte 180,-- DM ein. Die erste Zeit wohnte ich in einem Wohnhaus mit sechs Wohnungen, welches die Stadt für DDR-Übersiedler angemietet hatte.

Der letzte Weg auf meiner Liste führte mich zum Arbeitsamt. In einem der dortigen Terminals fand ich eine Stellenausschreibung in einem Altenheim, welches dem Magistrat der Stadt gehörte. Zwei Tage nach meiner Ankunft in Bremerhaven sprach ich dort vor und bekam einen Monat später eine Anstellung als Altenpflegehelfer, befristet auf drei Monate, die anschließend in eine Festanstellung umgewandelt wurde.

Noch bevor ich die Arbeit aufnahm, hatte ich mir eine eigene Wohnung gemietet.

Anfangs verdiente ich nicht viel, doch der Lohn stieg schnell an.

Es war angenehm für mich, wieder die Toilette und eine Badewanne in der Wohnung zu haben. Und wenn ich es warm haben wollte, mußte ich nur am Ventil der Heizung drehen. Die Zeiten, wo ich ständig auf das Dach klettern mußte, um die Fernsehantenne für einen guten Fernsehempfang zu richten, gehörten mit dem Kabelfernsehen der Vergangenheit an. All das stellte einen unglaublichen Komfort für mich dar.

Anfangs schlief ich auf einer Luftmatratze, zwei Wochen später gönnte ich mir den Luxus eines kleinen Klappbettes. Ein Telefon zu besitzen, war recht ungewohnt und ich erschrak anfangs sehr, als dieses Gerät in meiner Wohnung klingelte.

Schon wenige Monate später konnte ich meine Oma, eine Tante und meinen Onkel in mein neues Zuhause einladen. Es bereitete mir große Freude, sie wiederzusehen.

Wittenberg, 08. Februar 1988

Kreisdienststelle Wittenberg

bestätigt:
Leiter der Kreisdienststelle
(Unterschrift)
Bolewski
Oberstleutnant

A b s c h l u ß b e r i c h t

zur OPK »Pfleger II«, Reg.-Nr. VIII 2529/87

Zu der Person

Name, Vorname: Möhring, Michael

[es folgen Daten und Angaben zu meiner Vergangenheit, die dem Leser bekannt sind]

Aufgrund zentraler Entscheidung wurde der M. am 01.02.1988 nach der BRD übersiedelt.

Es wird vorgeschlagen, die OPK »Pfleger II«, Reg.-Nr. VIII 2529/87, abzuschließen und das vorhandene Material im Archiv der Abt. XII der BV Halle abzulegen. Die Person wird für die KD Wittenberg KK-erfaßt und Einreisesperre eingeleitet.

Referatsleiter U/PiD
(Unterschrift) *Schuster*
Major

Operativer Mitarbeiter
(Unterschrift) *Walther*
Oberfeldwebel

Kontakt zu Katharina

Katharina bezog die Wohnung ihres Vaters, der kurz vor meiner Übersiedlung gestorben war.

Bis auf wenige Ausnahmen, wo keine Verbindung hergestellt werden konnte, telefonierte ich täglich mit ihr. In der ersten Zeit von der Telefonzelle vor dem Haus aus, später mit dem eigenen Telefon.

Die Telefonrechnung lag nicht selten bei 360,-- DM im Monat, was etwa ein Fünftel meines Gehalts ausmachte. Zwar brauchte ich dringend Geld für eine Wohnungseinrichtung, aber die tägliche Unterhaltung mit Katharina war mir wichtiger.

Katharina selbst besaß keinen Telefonanschluß und ging zum Telefonieren in das Krankenhaus Paul-Gerhard-Stift, wo ihre

Mutter arbeitete. Dort konnte ich sie abends oder an den Wochenenden anrufen.

Ihr selbst war es nicht möglich, *mich* anzurufen.

Oft dauerte es mehrere Stunden, bis eine Verbindung zustande kam, doch Katharina wartete jedesmal so lange, bis ich mit ihr gesprochen hatte. Einmal versuchte ich auch, sie in der Hufeland-Klinik zu erreichen, doch als die Chefärztin mich erkannte, legte sie wortlos wieder auf. Um Katharina keine Schwierigkeiten zu bereiten, rief ich dort nicht wieder an.

Fast regelmäßig wurde die Verbindung des Gespräches unterbrochen. Es konnte dann wieder Stunden dauern, bis eine neue Verbindung aufgebaut war. Aus diesem Grund verabschiedeten wir uns meist schon bei Beginn des Gesprächs und legten eine Zeit für das nächste Telefonat fest.

Ich werde wieder zu einem »Fall« der Abteilung Innere Angelegenheiten

Nachdem ich einige Wochen fast täglich mit Katharina gesprochen hatte, und sie mir meiner Unterstützung sicher war, stellte sie einen Eheschließungsantrag.

Es ist sehr wahrscheinlich, daß die Abteilung Innere Angelegenheiten aus allen Wolken fiel, als man wieder meinen Namen las. Selbst nach meiner Übersiedlung hatten sie keine Ruhe vor mir.

Für Katharina und mich war die Situation nicht einfach, denn weder in unseren Briefen noch am Telefon konnten wir über ihre Übersiedlung sprechen. Wir mußten alles unterlassen, was sie ins Gefängnis bringen konnte. Immer weniger unserer Briefe, die wir von Anfang an numerierten, erreichten nach Katharinas Antragstellung ihr Ziel.

Wir waren uns sicher, daß sie abgefangen wurden.

In welchem Ausmaß sich Katharina für ihre Übersiedlung einsetzte, konnte ich nicht einmal erahnen. Mit den Monaten hatte ich immer wieder leise Zweifel, ob sie wirklich die Übersiedlung zu mir wolle, obwohl es für das Gegenteil keinerlei Hinweise gab.

Trotz ihrer Tränen am Bahnhof fiel es mir schwer zu glauben, sie würde nur meinetwegen einen solch großen Schritt wagen.

Einen Überblick über ihre Aktivitäten bekam ich erst mit der Einsicht in meine Unterlagen des MfS. So wie ich einst von den staatlichen Stellen verunglimpft und verleumdet wurde, so geschah es nun mit Katharina.

Katharina wurde zu OV »Trick«

Wittenberg, 11. Oktober 1988

Kreisdienststelle Wittenberg

Auskunftsbericht

über eine operativ-bedeutsame Person

Name, Vorname: Spanowski, Katharina

Aus inoffiziellen Informationen, seit Anfang 1988, war die Verbindung der Sp. zu dem am 01.02.1988 nach der BRD übersiedelten

Möhring, Michael
08.12.1958 in Wittenberg
wohnhaft: XXX
Abt. XII: KK-erfaßt, KD Wittenberg

bekannt. Vor dieser Zeit gab es keine Hinweise auf eine Verlobung bzw. engere Verbindungen. Beide kennen sich aus der gemeinsamen Tätigkeit in der Hufeland-Klinik. Der 12 Jahre ältere Möhring wurde durch uns und durch seinen Betrieb immer als unentschlossener Mensch beurteilt, der in seinem Leben nie den richtigen Halt gefunden hatte. Im Gegensatz dazu muß die Sp., trotz ihres Alters, als herrschsüchtig, von sich eingenommen und überzeugt eingeschätzt werden. Möhring versuchte durch Straftaten, die zur Inhaftierung führten, und letztendlich durch sein Übersiedlungsersuchen, einen Ausweg zu finden. In der Zeit zwischen dem 03.12.1987 (Amnestie-Realisierung) und dem Übersiedlungstag (01.02.1988) wurde durch Betreiben der Sp. eine Verlobung angestrebt und realisiert, die nicht offiziell bekannt wurde. Auf dieser Basis entstand der Eheschließungsantrag.

Zu den vorliegenden operativen Hinweisen kann folgende Einschätzung getroffen werden:

Das uns vorliegende Anfangsmaterial zu Sp. besteht fast ausschließlich aus Informationen der Abt. M, BV Halle. Die Briefe zwischen der Sp. und dem Möhring werden fortlaufend numeriert, der letzte Brief der Sp. ist der 134. Allein daraus ist ersichtlich, wer von beiden der treibende Teil ist. Während Möhring nur zaghaft, wieder unentschlossen und weit weniger intensiv die Verbindung aufrecht erhält, versucht die Sp. durch konkrete Eigeninitiativen, ihr Ziel, ihre Absichten und ihren Willen durchzusetzen.

Letztendlich muß geschlußfolgert werden, daß die Sp. die Lage und Situation richtig beurteilt. Aus ihren Briefen wird ersichtlich, daß sie am Willen und Wollen des Möhring zweifelt, Möhring selbst aus Sicht der Sp. zu wenig Aktivität zeigt, und sie deshalb nach Mitteln und Wegen sucht, um durch Eigeninitiativen in die BRD zu gelangen. Diese Aktivitäten können jetzt zu dem von ihr an Möhring mitgeteilten Ergebnis geführt haben, sind jedoch noch nicht eindeutig zu bewerten und einzuschätzen.

Der Sp. ist von der Person her auch zuzutrauen, daß sie dem Möhring die Begehung von Straftaten vortäuscht, um ihn zu konkreten Handlungen zu veranlassen.

Jeder in der Klinik mochte Katharina, sie war eine liebe, junge Frau. Sie als herrschsüchtig zu bezeichnen, zeigt die Verachtung der Kreisdienststelle Wittenberg gegenüber Andersdenkenden.

Bei all ihren Kontrollen und Schnüffeleien ist ihnen unsere Beziehung entgangen. Tönten sie noch im Einleitungsbericht von 22. April 1987 (Kapitel »Suche nach gesetzwidrigen Handlungen«), ich hätte einen »negativen Umgangskreis im Wohn- und Arbeitsbereich«, so mußte das MfS nun feststellen, daß sie doch nur sehr wenig von mir wußten.

Katharina war das Gegenteil von dem, was das MfS in ihren Akten über sie schrieb. Sie war leicht verletzlich und eher schüchtern. Was sie sich allerdings fest vorgenommen hatte, versuchte sie auch durchzusetzen.

Unser Verhängnis war, daß wir uns nie über die Angelegenheit am Telefon austauschen konnten. Was Katharina alles in die Wege geleitet hat, um zu mir zu kommen, konnte sie mir nicht mitteilen, jedoch machte sie häufig Andeutungen darüber.

Oft fragte sie mich, ob meine Gefühle zu ihr noch vorhanden sind. Nach Monaten der Trennung kamen ihr immer wieder Zweifel, obwohl diese nicht begründet waren.

Doch der Weg, den sie einschlug, war gewaltig. Sie brauchte deshalb Sicherheit, ob ich auch wirklich bei meiner Einstellung bleibe.

Wittenberg, 18. Oktober 1988

Kreisdienststelle Wittenberg

B e r i c h t

über ein realisiertes operatives Gespräch zur OPK »Trick«

Aus der Analyse des vorliegenden Materials zur OPK wurde bekannt, daß »Trick« mit einer Arbeitskollegin – »Ina« – enge persönliche Kontakte pflegt. Dazu wurde ermittelt, daß es sich um die Person

Pulß, Ina geb. Geier

handelt.

Die Verbindung der Sp. zu den bekannten Möhring, Michael, war den Mitarbeitern der Hufeland-Klinik Wittenberg in der jetzt bekannten Form nicht bekannt, das heißt, vor der Übersiedlung des Möhring gab es keine Anzeichen eines Liebesverhältnisses zwischen den beiden, da ein großer Altersunterschied besteht.

Daß die Sp. den Möhring heiraten will und dazu einen Antrag gestellt hat, ist allgemein bekannt, die P. schätzt jedoch ein, daß das alles nur auf Betreiben der Spanowski zustande gekommen ist und vor allem Möhring nicht von der Ehrlichkeit der Sp. überzeugt zu sein scheint. Die P. selbst versuchte wiederholt, die Sp. von diesem Vorhaben abzubringen, was aber ohne Erfolg blieb.

Vorbereitung zur Flucht in die westdeutsche Botschaft

Katharina suchte sich Verbündete und fand sie auch.

Auch hiervon wußte ich nichts.

Alle Briefe bezüglich ihrer Aktivitäten, die DDR zu verlassen, kamen nicht an. So kam es zu erheblichen Mißverständnissen zwischen uns. Keiner von uns beiden wußte so recht, woran er bei dem anderen ist.

Wittenberg, 28. Oktober 1988

Kreisdienststelle Wittenberg

<u>Operatives Gespräch mit der KP »Ina« zum OV »Trick«</u>

Die KP erschien wie vereinbart pünktlich im ABV-Zimmer, Gustav-Adolf-Straße.

Aus Anlaß ihres Geburtstages am 27.10.1988 wurde ihr ein Konfektkasten überreicht.

Einleitend übergab »Ina« einen geöffneten Brief des Benno Ahting (siehe Anhang), der an ihre Adresse geschickt war, aber der OV-Person »Trick« gehört. »Ina« will der »Trick« dazu erklären, daß sie geglaubt hat, es wäre ein Geburtstagsgruß des Benno A. an sie und deshalb hat sie den Brief geöffnet. Die Reaktion der »Trick« wird sie uns mitteilen.

Im Gespräch wurden danach folgende Probleme behandelt:

- *Die »Trick« ist nicht mehr im Besitz des Wohnungsschlüssels der »Ina«. »Ina« hat ihn zurückverlangt mit der Maßgabe, daß die »Trick« ihn wiedererhält, wenn sie eventuell mit in die Wohnung der »Ina« zieht.*
- *In der Wohnung von »Ina« liegt seit unbekannter Zeit, in einer Schublade der Schrankwand, das Zeugnisheft der »Trick«. »Ina« weiß nicht, seit wann es dort liegt und ob eventuell in diesem Heft noch weitere Dokumente vorhanden sind. Sie wird das sofort kontrollieren.*
  Ihr ist das erst jetzt aufgefallen, da sie erst annahm, es wäre das Zeugnisheft ihres Sohnes. Andere persönliche Sachen, außer einen Rock, hat die »Trick« nicht bei der Kontaktperson gelagert.
- *Die Schichteinteilung der »Trick« im Monat November wird uns »Ina« abschreiben und übergeben. Sie machte darauf aufmerksam, daß es einige Diskussionen auf der Arbeitsstelle mit der »Trick« gegeben hat, da diese unbedingt an einem bestimmten Wochenende im November die ihr zustehenden freien Tage (von Freitag – letzte Nachtschicht, bis Dienstag der folgenden Woche)*

haben bzw. nehmen wollte. Sie hat sich auch durchgesetzt. »Ina« ermittelt dieses Wochenende und informiert uns.

- *Mit »Ina« wurde dann ein allgemeines Informationsgespräch über die Hausbewohner – Schillerstraße 28 – geführt. Die vorliegende Mieterübersicht wurde mit den Angaben der »Ina« ergänzt. (Siehe Anhang)*
- *Zur »Trick« gab »Ina« an, daß diese mit dem Fahrrad zur Arbeit fährt und der Eingang zur Hufeland-Klinik von der Puschkinstraße aus von allen Mitarbeitern genutzt wird. Einen anderen Ein- oder Ausgang gibt es nicht.*
- *Der Sohn der »Ina« besucht die »Geschwister-Scholl« Oberschule und kommt in der Regel 13.15 Uhr nach Hause. Donnerstags ist er von 11.15 Uhr bis 12.00 Uhr zu Hause und fährt dann zum UTP[49]-Unterricht zum VEB Maschinen- und Mühlenbau.*
- *»Ina« berichtete dann über ihre Freundschaft zur Person* [geschwärzt, der Name des Freundes ist allerdings bekannt]. *Sie hat sich wieder von den* [geschwärzt] *getrennt, da sie nicht miteinander klar kamen.* [geschwärzt] *hat aber noch den Wohnungsschlüssel der »Ina« und denkt nicht daran, diesen zurückzugeben.*
- *Letztendlich wurde nochmals mit »Ina« durchgesprochen, was sie insgesamt über den Charakter der Verbindung der »Trick« und des Ahting weiß. Dazu wird eine gesonderte Information gefertigt.*

<u>Politisch-operative Bewertung</u>

Die vorliegenden Informationen sind operativ bedeutsam hinsichtlich des möglichen Zeitpunktes der Realisierung der geplanten Botschaftsbesetzung, da auch von dem Ahting bekannt ist, daß er im November einen verlängerten Wochenendurlaub erhält. (Freitag nach Dienst bis Dienstag zum Dienst.)

---

[49] Unterricht in der technischen Produktion

Wenn beide Daten übereinstimmen, kann mit hoher Wahrscheinlichkeit davon ausgegangen werden, daß es sich um den vorgesehenen Tatzeitraum handelt. Die HA[50] *I wird uns dazu informieren. Das in der Wohnung von »Ina« liegende Zeugnisheft ist als ein gutes Kontrollobjekt zu bewerten. »Ina« wird regelmäßig kontrollieren, ohne mit der »Trick« darüber zu sprechen, und sofort informieren, wenn es verschwunden ist oder abgeholt wird.*

Zum Wohnungsschlüssel der sich im Besitz des [geschwärzt] *befindet, wurde der »Ina« angeboten, daß wir uns darum kümmern, ihn zurückzuholen. Damit war sie einverstanden.*

Maßnahmen

1. *Vorbereitung des Einsatzes der Abteilung 26/B durch Anfertigung einer Schlüsselkopie und Überprüfungen zu den Hausbewohnern in den Betrieben.*
2. *Vorbereitung des Einsatzes der Abt. VIII BV Halle durch Schaffung von Stützpunkten in der Schillerstraße und durch Beschleunigung des Wohnungstausches von dem die »Trick« betroffen ist.*

Meine Befürchtung war, Katharina würde sich auf etwas einlassen, was Gefängnis bedeuten könnte. Deshalb riet ich ihr immer wieder von ungesetzlichen Handlungen ab. Katharina verstand es jedoch so, als gebe ich nicht mehr allzuviel auf unsere Beziehung. Immerhin waren schon viele Monate vergangen, als wir uns das letzte Mal gesehen hatten und offen miteinander sprechen konnten.

[50] Hauptabteilung

Halle, 21. Oktober 1988

Bezirkskoordinierungsgruppe

zur Kenntnis genommen
(Unterschrift)
Hahn
Oberstleutnant

P r o t o k o l l

zur geführten Absprache – OPK »Trick«

Zeit: 20.10.1988 - 13.00 – 14.30 Uhr

Ort: KD Wittenberg

Teilnehmer:

Leiter KD Wittenberg, OSL Bolewski
Ref.-Ltr. PiD KD Wittenberg, Major Schuster
HA I, Major Richter
HA I, Oltn. Löffler
Stellv. Leiter BKG, Major Herzog

Operative Ausgangslage

Die in der Operativ-Information der BKG Halle vom 06.10.1988 auf der Grundlage eines Schlüsselbriefes der Abt. M erarbeiteten operativ bedeutsamen Hinweise über eine geplante Besetzung einer NSA[51]*-Botschaft in der Hauptstadt, Berlin, durch die*

Spanowski, Katharina
(weitere Personalien bekannt)
Auskunft zur Person – siehe Anlage –

[51] nicht sozialistisches Ausland

sowie nicht näher bezeichnete »Bausoldaten«, wurde durch die KD Wittenberg überprüft und konnten verdichtet werden. Von der Ernsthaftigkeit der geplanten erpresserischen Besetzung einer NSA-Botschaft muß ausgegangen werden.

Da sich die Spanowski von ihrem Verlobten

Möhring, Michael
08.12.1958
z. Zt. wh. XXX
Abt. XII erf.: KK, KD Wittenberg

»Westsachen« schicken lassen will, um als BRD-Bürgerin getarnt ungehindert Zutritt zu den NSA-Botschaften zu erlangen, muß geschlußfolgert werden, daß Ahting analoge Aktivitäten plant.

Im Ergebnis der Beratung wurden folgende Maßnahmen zur Realisierung der operativen Zielstellung

- *vorbeugende Verhinderung und Unterbindung einer erpresserischen Besetzung einer NSA-Botschaft durch die Spanowski und Ahting, sowie weitere noch nicht bekannte ÜE bzw. Bausoldaten*
- *Aufklärung der Inspiratoren und Organisatoren dieser Provokation*
- *Schaffung inoffizieller und offizieller Beweise für Straftaten gem. § 214 StGB*[xxv]

festgelegt.

Einleitung einer Zielfahndung der Abt. III zum »Paul-Gerhardt-Stift« (von dort wird telefonische Verbindung Spanowski – Möhring realisiert).

Termin: 24.10.1988
verantwortlich: BKG

Mit dem Protokoll vom 21. Oktober 1988 wurde nun versucht, Katharina wegen Verstoßes gegen den § 214 StGB irgendwie hinter Gitter zu bekommen.

Durch die Numerierung unsere Briefe wußten wir, daß nur ein geringer Teil unserer Post durchkam. Der erwähnte 134. Brief in den Akten des MfS ist Beweis für das Abfangen unserer Briefe.

Wittenberg, 2. November 1988

Kreisdienststelle Wittenberg

A k t e n v e r m e r k

zum operativen Gespräch mit der KP »Ina« zum OV »Trick«

Das Gespräch konnte nicht wie vorgesehen realisiert werden, da das Kontaktzimmer nur kurzzeitig besetzbar war (ABV-Sprechzeit).

Mit »Ina« wurde vereinbart bzw. besprochen:

1. Dienstplan des OV »Trick« im Monat November

01.11. 06.00 - 14.00 Uhr
02.11. - 04.11. Frei
05.11. - 06.11. 06.00 - 14.00 Uhr
07.11. - 08.11. 11.00 - 19.00 Uhr
09.11. - 11.11. 11.00 - 19.00 Uhr
12.11. - 13.11. 14.00 - 22.00 Uhr
14.11. Frei
15.11. - 18.11. 06.00 - 14.00 Uhr
19.11. - 20.11. Frei
21.11. 25.11 Nachtwache
26.11. - 27.11. Frei
28.11. - 30.11. 06.00 - 14.00 Uhr

2. ***Kontrolle des Zeugnishefters in der Schrankwand von »Ina«***

Im Zeugnisheft befinden sich außerdem

- *das Abschlußzeugnis der POS*
- *Personalfragebogen und Verwandtenaufstellung (ausgefüllt)*

3. ***Weiteres Verhalten der »Ina« zu »Trick« und zur Information an uns keine besonderen Aktivitäten zeigen.***

»Trick« will »Ina« heute abend besuchen. Sie erwartet einen Brief von Benno Ahting.

Täglich das Zeugnisheft kontrollieren und wenn möglich dafür sorgen, daß die »Trick« nicht bei »Ina« in den nächsten Tagen übernachtet.

Am Freitag, dem 4.11.1988, um 11.00 Uhr nochmals telefonisch Verbindung zum Unterzeichnenden aufnehmen, eventuell nochmals treffen.

(Damit wird gewährleistet, daß »Ina« den Einsatz der Abt. 26 nicht stört.)

(Unterschrift)
Schuster Major

Katharina schrieb mir mehr als ich ihr. In meiner neuen Wohnung besaß ich weder einen Stuhl noch einen Tisch. Es war unbequem, Briefe auf dem Fenstersims zu schreiben, und so telefonierte ich lieber, selbst wenn das täglich eine qualvolle Unwissenheit schaffte, ob die Verbindung zustande kommen würde.

Trotz der täglichen Telefonate war die nervliche Anspannung bei Katharina sehr groß. Während ich in Sicherheit war, befand sie sich in größter Gefahr und war noch nicht einmal sicher, inwieweit die Angelegenheit gut für sie ausgehen würde.

Berlin, 09. November 1988

Zentrale *Koordinierungsgruppe*
Abteilung 1

Vermerk

über eine Koordinierungsgruppe am 08.11.1988 zum Materialkomplex OV »Botschaft« der HA I und OV »Trick« der BV Halle, KD Wittenberg

Am 08.11.1988 fand in der Zeit von 16.00 bis 17.30 Uhr eine Koordinierungsberatung zum Materialkomplex OV »Botschaft« der HA I und OV »Trick« der KD Wittenberg/BV Halle statt.

An der Beratung, um die durch die HA I am gleichen Tage nachgesucht worden war, nahmen teil:

ZKG/Abt. 1: Major Drechsler
ZKG/Abt. 1: Hauptmann Böttger
HA I, UA MBW: Stellv. Leiter der UA, OSL Oberrath
HA I, UA MBW: Major Richter
HA I, AKG: Major Hinzer

Durch die Genossen der HA I wurde unter Vorlage des OV »Botschaft« vom 07.11.1988 folgender Sachverhalt bekannt:

Durch mehrere inoffizielle Hinweise wurde bekannt, daß durch Armeeangehörige gemeinsam mit der im OV »Trick« der KD Wittenberg bearbeiteten Person beabsichtigen, ihre Übersiedlungsbestrebungen durch die Besetzung einer Botschaft in der Hauptstadt der DDR durchzusetzen.

Bei den Armeeangehörigen handelt es sich zum gegenwärtigen Erkenntnisstand um zwei übersiedlungsersuchende Bausoldaten, die im Rahmen der Einberufung übersiedlungsersuchender Wehrpflichtiger (Wehrdienstverweigerer) im April 1988 eingezogen wurden.

Bei der im OV »Trick« der KD Wittenberg bearbeiteten Person handelt es sich um eine 18jährige weibliche Person, die mit hoher Intensität und Risikobereitschaft die Eheschließung mit Wohnsitzwechsel nach der BRD zu einem im Februar 1988 von Wittenberg aus übersiedelten ehemaligen DDR-Bürger anstrebt.

Durch diese Person wurden am 17.10.1988 bereits Aufklärungshandlungen zur Vorbereitung der geplanten Botschaftsbesetzung in Berlin vorgenommen, in deren Ergebnis »keine Probleme« festgestellt wurden.

Wenig später nahm das Wohnungsamt von Wittenberg Katharina die Wohnung weg.

Ihr fiel das unsagbar schwer. Sie liebte ihren Vater und in dieser Wohnung, inmitten all seiner Möbel, hatte sie das Gefühl, ihn nicht ganz verloren zu haben. Doch alle Versuche, die Wohnung behalten zu können, wurden abgelehnt.

Schließlich blieb ihr nichts anderes übrig, als zurück zu ihrer Mutter zu ziehen, wo sie nur ein Kinderzimmer besaß.

Wittenberg, 11. November 1988

Kreisdienststelle Wittenberg

OPERATIVES GESPRÄCH
mit der KP »Ina« zum OV »Trick« am 10.11.1988

Das Gespräch wurde wie folgt realisiert.

»Ina« gab folgende bedeutsame Hinweise:

- *»Trick« will unbedingt ihren Dienstplan in der Hufeland-Klinik geändert haben. Sie möchte am Sonntag, 13.11.1988 von*

06.00 - 14.00 Uhr arbeiten und begründet das mit dem bevorstehenden Umzug. Bis zum Zeitpunkt des Gespräches war noch keine Entscheidung von der Oberschwester dazu getroffen. »Ina« wird uns am 11.11.1988 dazu informieren.

- *Das Zeugnis der »Trick« ist noch da und befindet sich in der Schrankwand, links an der Wand, in einem Schubfach unter dem Radio.*
- *Der Umzug der Familie Sp. findet am Montag, dem 14.11.1988 statt. »Trick« soll vorerst mit in die Wohnung der Mutter ziehen, bis die im gleichen Haus befindliche obere Wohnung endgültig geräumt ist.*
- *»Ina« wurde von der »Trick« angesprochen und um ein Gespräch am Abend des 10.11.1988 in der Wohnung der »Ina« gebeten.*

Mit »Ina« wurden folgende Vereinbarungen getroffen:

Das Gespräch mit »Trick« ist unbedingt wahrzunehmen. »Ina« sollte versuchen, mit »Trick« allein zu sprechen. Dazu wurden ihr 50,-- M übergeben, die sie zum Kauf von Wein und Konfekt u. ä. nutzen sollte. Unser Anliegen wurde ihr so erläutert, daß wir Interesse haben, die »Trick« in der Nähe der »Ina« zu haben, da wir dann bessere Kontrollmöglichkeiten haben. Sie sollte also, wenn »Trick« selbst auf den Umzug zu sprechen kommt, der »Trick« anbieten, für einige Tage mit in die Wohnung der »Ina« zu wohnen.

»Ina« gab zu bedenken, daß ihr Freund, der [geschwärzt] *bei ihr in der Wohnung ist.*

Es wurde die Frage diskutiert, ob es eine Möglichkeit gibt, den [Freund] *zum Verlassen der Wohnung aufzufordern. Es wurde festgestellt, daß »Ina« dem* [Freund] *das Anliegen der »Trick«, ein Gespräch mit »Ina« führen zu wollen, mitteilt. Da »Ina« annimmt, daß es sich um ein Frauenproblem handelt, möchte sie nicht, daß der* [Freund] *mit dabei ist. Über das Ergebnis des zu führenden Gespräches wird »Ina« am heutigen Tag, um 12.45 Uhr informieren.*

(Unterschrift) *Schuster - Major*

Wittenberg, 17. November 1988

Kreisdienststelle Wittenberg

A k t e n n o t i z

zum OV »Trick«

Am 16.11.1988 wurde durch den Gen. Schuster und den Unterzeichnenden ein operatives Gespräch mit der KP »Ina« in einem ABV-Zimmer geführt. Während des Gespräches wurde die KP gefragt, ob sie über ihre konspirative Zusammenarbeit mit dem MfS mit anderen Personen, z. B. mit ihrem Freund, gesprochen hat. Dies verneinte sie, sie hat lediglich ihrem Freund erzählt, daß Genossen des MfS sie einmal in ihrer Wohnung aufgesucht haben. Der Grund war ihre Freundschaft zu Katharina Sp. Über die in der Folgezeit stattgefundenen konspirativen Treffen hat sie mit niemandem gesprochen.

Nach Beendigung des operativen Gespräches wurde durch eine Maßnahme der Abt. 26 der BV Halle durch den Unterzeichnenden folgendes festgestellt:

Nach dem Eintreffen der KP in ihrer Wohnung berichtete sie ihrem in der Wohnung anwesenden Freund über das stattgefundene operative Gespräch. Dabei wurde deutlich, daß der [geschwärzt, wahrscheinlich ist der Freund gemeint] *in die konspirative Zusammenarbeit der »Ina« mit dem MfS eingeweiht ist. Aufgrund der mangelnden technischen Qualität konnte das Gespräch nur teilweise verfolgt werden. Die KP berichtete, daß sich die Genossen des MfS auf die geplante Aktion der Katharina Sp. am vergangenen Wochenende voll eingestellt hatten, daß der* [geschwärzt] *dem MfS bekannt ist und von einem Fehler, den die Genossen des MfS begangen haben, so daß die OV-Person jetzt sehr vorsichtig ist.*

(Unterschrift) *Zanger*
Oberleutnant

Der Plan ging schief

Das nachfolgende Protokoll mag sich so anhören, als ob der Verhaftete Benno Ahting alles aussagt, was er über Katharina und mich wußte.

Zwar war ich bei dieser Vernehmung nicht anwesend, aber aus eigener Erfahrung weiß ich, daß Protokolle anders klingen, als die tatsächliche Vernehmung. Und auch hier wurden sicher etliche Fragen zu *einer* Frage zusammengefaßt, was den wirklichen Ablauf des Gespräches zwischen Vernehmer und Verhafteten verwischt.

Viele Sachverhalte sind dem Vernehmer bereits vor der Befragung des Verdächtigen bekannt. Sie stellen diesbezügliche Fragen und lassen es später in ihren Protokollen so aussehen, als ob sie erst durch die Aussage des Geständigen auf die eine oder andere Sache gestoßen sind.

Ob es Absicht war, Vernehmungsprotokollen diesen Anschein zu geben, vermag ich nicht zu sagen.

Berlin, 17.01.1989
Beginn: 13.25 Uhr
Ende: 16.40 Uhr
5 Exemplare

2. Befragungsprotokoll

des
Bausoldaten Ahting, Benno

Von der Befragung wird zusätzlich eine Schallaufzeichnung gefertigt.

<u>Frage:</u> Auf welcher Grundlage entstanden die bereits von Ihnen in der gestrigen Befragung angeführten Gespräche zwischen Ihnen, Katharina SPANOWSKI und Heiko BROCH über die Besetzung einer Botschaft eines westlichen Staates in der DDR-Hauptstadt Berlin?

<u>Antwort:</u> Die Gespräche ergaben sich aus Unterhaltungen zwischen uns über die Ausreiseproblematik. Zum Teil wurden solche Gespräche auch angeregt durch Sendungen des Westfernsehens, die wir gemeinsam bei der Katharina in deren Wohnung in Wittenberg führten. Wir haben dabei auch Alkohol getrunken, was zumindest bei mir und Heiko dazu führte, daß wir über manche Dinge ungehemmter sprachen.

<u>Frage:</u> Welche Gründe hatte Katharina SPANOWSKI, die DDR verlassen zu wollen?

<u>Antwort:</u> Sie hatte nicht vordergründig politische Gründe zum Verlassen der DDR. Ihr Freund, dessen Vorname Michael mir jetzt wieder einfällt, war Anfang 1988 in die BRD übergesiedelt. Zuvor war er durch die Amnestie aus dem Strafvollzug entlassen worden. Er wurde anschließend in die Hufeland-Klinik in Wittenberg, der Arbeitsstelle von Katharina, als Heizer tätig. Dort lernten sie sich kennen. Wie Katharina sagte, waren sie sich einig, daß sie heiraten. Da sie erst im Mai 1988 18 Jahre alt wurde, konnte sie erst zu diesem Zeitpunkt den Antrag auf Übersiedlung nach der BRD zwecks Eheschließung mit dem Michael stellen. Aus ihren Erzählungen konnte ich entnehmen, daß der Michael in der BRD, wo er im Raum Bremen wohnhaft geworden war, die Formalitäten für eine Eheschließung mit ihr zum Teil erledigt hat. Es muß auch fast täglich Telefongespräche zwischen beiden gegeben haben. Hierzu kam, daß sich Katharina mit ihrer Mutter nicht verstand. Es gab erhebliche Differenzen wegen der Wohnung.

<u>Frage:</u> Welche konkreten Aktivitäten zeigte Katarina SPANOWSKI im Zusammenhang mit den Erwägungen, eine Botschaft des westlichen Auslands in Berlin zu besetzen?

Antwort: Sie hat ihren Freund in der BRD angeschrieben. Sie fragte ihn, was er davon hält, wenn sie in eine westliche Botschaft gehen würde. Kurze Zeit später, als sie offenbar Antwort erhalten hatte, äußerte sie mir gegenüber, daß ihr Freund wahrscheinlich gar nicht mehr will, daß sie zu ihm kommt. Sie begründete das damit, daß er gar nicht darauf reagiert habe, ob sie in eine Botschaft geht oder nicht. Daraufhin habe ich mich veranlaßt gesehen, meinen Bruder in Berlin (West) anzuschreiben, worüber ich schon gestern aussagte. Eine weitere Aktivität von ihr war in Verbindung einer schon seit längerem geplanten Einkaufsfahrt nach Berlin mit dem Aufsuchen des »Botschaftsviertels«.

Frage: Inwieweit wandte sich Katharina SPANOWSKI an ihren Freund in der BRD mit der Bitte, ihr zur Vorbereitung auf eine Botschaftsbesetzung original westliche Kleidung zu schicken?

Antwort: Das ist mir nicht bekannt.

Frage: Nach Darstellung von Katharina SPANOWSKI hat sie eine derartige Bitte an ihren Freund Michael in der BRD gerichtet. Was erfuhren Sie darüber?

Antwort: Ich weiß nichts davon. Mir gegenüber hat sie davon nichts gesagt.

Das Ende der Hoffnung

Unsere Verlobung hielt nach meiner Übersiedlung nur ein Jahr. Wenige Monate vor dem Fall der Mauer löste Katharina die Verbindung plötzlich und völlig unerwartet für mich.

Den Grund dafür teilte sie mir nicht mit und ich erfuhr ihn erst nach der Wiedervereinigung von ihrer Mutter.

Für mich brach damals eine Welt zusammen und ich konnte es erst verstehen, als ich in den Akten las, wie sehr ihr das Ministerium für Staatssicherheit zugesetzt hatte. Sie stand nach meiner Übersiedlung und ihrem Antrag auf Heirat mit einem Bein im Gefängnis. Als der Druck später zu groß wurde, gab sie auf und löste die Verlobung, ohne die Möglichkeit zu haben, mir den Grund dafür nennen zu können.

Ins Gefängnis mußte Katharina nicht. Doch wäre nicht der Zusammenbruch der DDR gekommen, hätte sie aufgrund dieses Geschehens nie eine Perspektive in der DDR gehabt. Diese Geschichte hätte sie ein Leben lang verfolgt, denn die DDR-Behörden hätten nichts vergessen.

* * *

Ein paar Gedanken zum Schluß

Vor einiger Zeit las ich das Buch von Margret Bechler *Warten auf Antwort*. Es geht darin um ihre Zeit in den deutschen Gefangenenlagern der Russen und später in den Gefängnissen in der DDR.

Mit Büchern zu diesem Thema bin ich eigentlich vorsichtig geworden, denn mir kam es unter, daß nur behauptet wurde, man hätte Schreckliches in DDR-Gefängnissen erlebt. Allerdings war es leicht zu erkennen, daß das nicht stimmen konnte. Ich kann gegenüber einem Taucher nicht mit meinen Taucherlebnissen prahlen, wenn ich Tauchen nur aus dem Fernsehen kenne. Er würde mich sofort durchschauen.

Bei dem Buch von Margret Bechler war das nicht der Fall. Ihr glaubt man ihre Geschichte. Sie kennt die vielen kleinen Tricks und Kniffe, die unzähligen Schikanen der Wärter oder das Gefühl, hinter Mauern machtlos zu sein. Viele von diesen Dingen waren mir bereits entfallen, und sie kamen wieder zum Vorschein, als ich dieses Buch las.

Frau Bechler war von 1945 bis 1956 eingesperrt. Also zu einer Zeit, wo ich noch nicht einmal auf der Welt war. Ich wurde das erste Mal 1976 eingesperrt, also zwanzig Jahre später. Trotzdem hat mir das Buch *Warten auf Antwort* gezeigt, wie wenig sich doch an der DDR-Haft geändert hatte.

Zwar mußten wir kaum hungern (außer in Arrest, wo es täglich nur zwei mickrige Mahlzeiten gab, oder dann, wenn wir das Essen, weil es uns ungenießbar erschien, die Toilette hinunterspülten) und wir hatten es auch relativ warm (leider wurde uns oft die Heizung abgedreht, das Ventil dazu befand sich vor der Zellentür), aber viele Dinge blieben unverändert.

Nun mag man einwenden, gewisse Dinge ändern sich im Gefängnis nun einmal nicht. Aber darum geht es mir gar nicht. Was ich hier aufzählen werde, waren Dinge, die mit der Strafe - also Freiheitsentzug – nichts zu tun hatten, und nur dem Zweck dienten, zu schikanieren, zusätzlich zu strafen, oder seine Unmenschlichkeit auszuleben.

Die Geheimniskrämerei

Man ließ Gefangene grundsätzlich im Ungewissen. Ob das bei der Post war, wenn sie einfach nicht abgeschickt wurde, wenn man vorzeitig entlassen wird (wie während der Amnestie), in welches Gefängnis man nach der Untersuchungshaft verlegt wurde, wie lange man auf dem Abstellgleis auf irgendeinem Bahnhof stehen würde usw. Man wurde immer vor vollendeten Tatsachen gestellt, Fragen an die Wärter oder »Erzieher« waren sinnlos. Sie gaben keine Antwort.

Kranke wurden nicht entlassen

Kurz nach meinem schweren Unfall in der Gefängnisfabrik Naumburg stellte mein Rechtsanwalt einen Antrag, mich auf Bewährung zu entlassen. Zitat Rechtsanwalt Schernikau: *Nach den mir vorliegenden Informationen ist das Verhalten des Verurteilten im Strafvollzug nicht zu beanstanden.*

Dieser Antrag wurde mit der fadenscheinigen Begründung, ich arbeite nicht gut genug, abgelehnt. Der wahre Grund war der Unfall, da bin ich mir sicher, und das wurde mir auch damals von einigen Gefangenen bestätigt.

Privatsachen waren verboten

Das war sehr schlimm, denn sie erinnern einen an sein Zuhause. Ein Ehering, eine Halskette oder Armbanduhr hätte immer noch etwas Vertrautes gehabt. Ein kleines Stück Eigentum. Doch obwohl man eigentlich nur zu einer Gefängnisstrafe verurteilt wurde, waren den Gefangenen derartige Dinge verboten. Dieses Verbot hat sich gegenüber der Zeit von Frau Bechler noch verschärft.

Im Krankenrevier wurden Gefangene besser behandelt

Es gab dort bessere Kost, was eigentlich schon aussagt, daß es mit der Verpflegung im Strafvollzug nicht zum Besten stand. Einige Gefangene wollten die Zeit im Krankenrevier irgendwie verlängern. Das hatte nicht immer etwas mit der Arbeit zu tun. Vielmehr genoß der Gefangene das bessere Essen und die Ruhe, die auf der Krankenstation herrschte.

Die Sauberkeit war nur teilweise gegeben

Richtig duschen konnte man sich nach der schmutzigen Arbeit kaum. Die Zeit dazu war viel zu kurz, und zwei bis drei Gefangene mußten sich eine Dusche teilen. Die Unterwäsche und Strümpfe wurden seltener gewechselt, als man das normalerweise tut.

Die harten Holzschemel

Es grenzte in Untersuchungshaft nahezu an Folter, den ganzen Tag auf diesen Holzhockern sitzen zu müssen. Sie waren auf der Sitzfläche nicht eingedellt und man durfte nichts drauflegen, um sich das Sitzen zu erleichtern. Die Härte war kaum auszuhalten, denn man saß ja mehr oder weniger den ganzen Tag darauf. Die einzige Alternative war stehen. Sich auf das Bett legen war verboten.

Das Militärische

Alles erinnerte an die Armee. Die Meldungen und die Dienstgrade, die ein Gefangener kennen mußte.

Bett an der Wand angeschlossen

In Arrest war das Bett hochgeklappt und an der Wand angeschlossen. Der Gefangene hatte in der Regel auch keine Sitzgelegenheit.

Besichtigungen

Kam es zu Besichtigungen des Gefängnisses, hatten die Gefangenen tags zu vor viel zu tun. Alles wurde auf Hochglanz geschrubbt und im Speisesaal wurden Tischdecken ausgelegt, die nach dem Besuch wieder verschwanden. Einige Vorzeigehäftlinge erläuterten dem Besuch, wie der Alltag im Gefängnis ablief.

Die Angst vor Berufung

Viele Verurteilte nahmen das Urteil an. In Berufung zu gehen, konnte die Haftstrafe noch deutlich verlängern. Selbst habe ich keinen Fall kennengelernt, ich bekam es allerdings oft zu hören.

Sehr frühes Aufstehen

In der Untersuchungshaft wurden wir sehr früh geweckt. Fünf Uhr morgens war die Regel. Danach kehrte Ruhe ein, bis es einige Stunden später das Frühstück gab. Man litt eben länger, wenn man wenig Schlaf hat.

Im Gefängnis wurden wir noch früher geweckt. In Karl-Marx-Stadt schon um 4.00 Uhr, obwohl die Arbeit erst um 6.00 Uhr begann. Nachdem wir unsere Arbeitskleidung angezogen hatten, saßen wir noch über eine Stunde in einem großen Käfig, bevor die Arbeit losging. Zum Glück ließ man uns dort mehr oder weniger in Ruhe, so daß wir noch etwas Schlaf nachholen konnten.

Es gab keinen Urlaub und nur sehr wenig Lohn

Gearbeitet wurde immer. Nur am Wochenende gab es Ausnahmen, und an Feiertagen. Sonst hatten die Gefangenen keine freien Tage. Es gab für die Arbeit mehr oder weniger nur ein kleines Taschengeld. Viele Gefangene arbeiteten wie die Verrückten, um sich mit Übererfüllung der Norm mehr an Einkäufen leisten zu können.

Löffel wurden am Gemäuer geschärft

In der Untersuchungshaft durfte nur ein Löffel in der Zelle bleiben. Zu den Mahlzeiten konnte es noch Gabel und (ein stumpfes) Messer geben. Weil das nicht immer vorkam, wurde der Löffelstiel am Beton des Fußbodens geschärft. So diente der Löffel als Messer, mit dem man dann beispielsweise Konservendosen öffnen konnte.

Freistunde viel zu kurz

Die Freistunde dauerte meist nur zwanzig Minuten und fiel oft aus, wenn die Wärter meinten, was anderes sei wichtiger.

Die Zeiten in Arrest

Ständig wurde der Schlaf gestört. Es gab nicht eine einzige Nacht, wo man die Arrestanten durchschlafen ließ. Jede Stunde wurden sie geweckt, weswegen sie tagsüber auf dem Betonfußboden Schlaf nachholen mußten.

Die Kleidung mußte vor der Nachtruhe abgegeben werden, was oft dazu führte, daß man nachts bitterlich fror.

Zur Nacht gab es zwei dünne Decken und man schlief auf einer Holzpritsche ohne Matratze.

Tiefe Verzweiflung führt zu unnormalen Handlungen

Frau Bechler sagt in ihrem Buch, daß Gefangene wegen ihrer Ausweglosigkeit Glasscherben oder Löffelstiele verschluckten. In meiner Zeit waren es Rasierklingen und Löffelstiele.

Schreiberlaubnis

Seinen Angehörigen konnte man nur sehr eingeschränkt schreiben. Oft hätten sie sich sicher mehr für den Gefangenen einsetzen können, wenn sie gewußt hätten, weswegen er inhaftiert war.

Man erfuhr nicht, wenn Briefe nicht abgeschickt wurden, oder wenn Briefe von Angehörigen zurückgehalten wurden.

Briefe zu bekommen ist im Gefängnis ungeheuer wichtig. Es tröstet. Nur sehr wenige Briefe schreiben oder bekommen zu dürfen, wirkt wie eine weitere Bestrafung.

Frau Bechler konnte noch jeder Person außerhalb des Gefängnisses schreiben, nur die Anzahl der Briefe war eingeschränkt. Das wurde zu meiner Zeit noch verschärft, denn man konnte nur der Person schreiben, für die man eine Erlaubnis bekommen hatte.

Ich hatte in den Brief an meine Eltern einmal auf einem Extrablatt ein paar Zeilen für meine damals noch minderjährige Schwester geschickt. Daß sie den Brief nicht bekommen hat, erfuhr ich erst nach der Haft.

Bestrafung vor den Angehörigen

Hat sich ein Gefangener nicht so verhalten, wie es sich die Wärter vorstellten, wurden Ihm die wenigen Dinge, die der Besuch mitbringen dufte, beispielsweise Obst, vor seinen Angehörigen verboten. Sie mußten die Lebensmittel wieder mitnehmen.

Angehörige mußten im Unklaren gelassen werden

Man durfte nichts über die Anschuldigung schreiben, was die Verteidigung empfindlich einschränken konnte. Immerhin hätten Verwandte bei irgendwas auch eine Idee haben können, was man selbst übersah. Man mußte aber die Angehörigen vollkommen im Unklaren lassen.

Bücher

In der Untersuchungshaft bekam man jede Woche Bücher in die Zelle. Pro Person eins. Wünsche wurden nicht berücksichtigt. Nach einer Woche wurden die Bücher wieder herausgeholt, egal, ob man mit dem Buch fertig war oder nicht. Lesen konnte man nicht lange, weil die Hocker zu hart waren.

Im Gefängnis war es zu laut, zu hektisch, und meist holte man den Schlaf nach, den man nachts nicht hatte. Bücher wurden da zur Nebensache.

Alles mußte beantragt werden

Es haperte an den wichtigsten Dingen. Sogar Scheren mußten in der Untersuchungshaft beantragt werden, wenn man sich mal die Fuß- oder Fingernägel schneiden mußte.

Im Gefängnis durfte man zwar eine Nagelschere besitzen, aber entweder hatte man sie dabei, als man verhaftet wurde, oder man hatte eben keine. Ich mußte mich hin und wieder an den Arzt wenden, damit mir eine Schere für die Fingernägel gestattet wurde, denn die Wärter vergaßen meinen Antrag laufend, vielleicht auch absichtlich.

Auf der Arbeit

Arbeiten nach Norm, wo einige Häftlinge wie die Irren arbeiteten, in der Hoffnung, früher entlassen zu werden, gab es zu Frau Bechlers und meiner Zeit. Daß sie anderen Häftlingen damit schadeten, kam ihnen nicht in den Sinn.

Einzelhaft

Dieses Thema hat nicht direkt etwas mit dem Gefängnis zu tun. Mir ist jedoch aufgefallen, daß Frau Bechler nach der langen Einzelhaft das gleiche Problem hatte wie ich: Sie kam mit der Hektik des allgemeinen Haftalltags nur sehr schwer zurecht. Man haßt den Krach und die Unruhe.

Nachwort von Katharina (Spanowski)[52]

Ich lernte Michael 1987 in der Hufeland-Klinik kennen. Er fing damals wieder in der Klinik als Pfleger an. Ich sah ihn und verliebte mich in seine ganze Art von Mensch. Ich war immer mal interessiert, Gitarre spielen zu lernen. Das ergab sich dann über Michael. Er lud mich zu sich in seine Wohnung ein und daraufhin sind wir zusammengekommen. Michael war ein sehr lieber und sensibler Mensch, nicht wie die Stasi schrieb, ein unentschlossener. Wir waren dann oft in seiner Wohnung und ich habe mich sehr wohl und geborgen in seiner Gegenwart gefühlt. Für mich war er die große Liebe meines Lebens und da stehe ich nach 30 Jahren immer noch zu.

Wir hielten die Beziehung geheim. Das war zum Schutz von ihm und mir, denn auf Arbeit war uns nicht jeder Kollege wohl gesonnen.

Aber mir war das ziemlich egal. Ich war noch nie so glücklich und fühlte mich so geborgen, wie zu dieser Zeit.

Am 19.01.1988 bekam ich dann einen Anruf von der Arbeitsstelle meines Vaters. Man sagte mir, er wäre nicht auf Arbeit erschienen und ich sollte doch mal nach ihm schauen, ob irgend etwas passiert ist. Ich fuhr mit meiner damaligen Chefin, Frau Ullrich, hin, da sie schon ein ungutes Gefühl hatte.

Als ich in die Wohnung meines Vaters kam, lag er wie schlafend auf dem Sofa. Er war tot. Für mich ist an dem Tag eine Welt zusammengebrochen.

Meine Eltern waren damals geschieden, und so mußte ich die Beerdigung zum großen Teil allein regeln, und das mit 17 Jahren. Meine Mutter unterstützte mich zwar, aber mein Vater war einfach der wichtigste Mensch in meinem Leben. Den konnte keiner ersetzen.

[52] Katharinas Nachname hat sich mittlerweile geändert

An dem Abend nahm mich Michael mit zu sich und kümmerte sich rührend um mich. Ich war so froh, daß er für mich da war. Ab *dem* Zeitpunkt war Michael der wichtigste und einzige Mensch in meinem Leben.

Ich blieb dann erst einmal in der Wohnung von meinem Vater, weil ich dachte, ich könnte sie übernehmen. Das ließ man dann aber doch nicht zu.

Ich hatte zu der Zeit ein sehr schlechtes Verhältnis zu meiner Mutter. Sie hatte einen neuen Mann kennengelernt, und mir war es eigentlich unmöglich, mit ihm unter einem Dach zu leben, wegen diversen Vorkommnissen, auf die ich hier nicht eingehen kann.

Es lief jedenfalls wunderbar mit Michael, er war meine Familie.

Ende Januar 1988 kam Michael abends zu mir und sagte, daß sein Ausreiseantrag genehmigt wurde und er am 01.02.1988[53] die DDR verlassen wird. Ich konnte es nicht fassen und für mich brach wieder eine Welt zusammen. Nun sollte ich auch noch den wichtigsten Menschen in meinem Leben verlieren. Ich wollte ihn nie wieder loslassen, aber mir blieb nichts anderes übrig.

Er mußte dann innerhalb weniger Tage alles regeln. Die Wohnung auflösen, und noch persönliche Sachen erledigen.

Man gab ihm nur ein paar Tage Zeit, um ein komplettes Leben in der DDR aufzulösen.

Das kann man gar nicht begreifen, wie knallhart der Staat war.

Er mußte sich von Menschen verabschieden, die er wahrscheinlich nie wiedersehen wird. Für ihn war es ein sehr schwerer Moment. Es war nun halt endgültig für ihn, und das war ihm bewußt.

Ich bekam die Gitarre von ihm und die habe ich bis heute noch. Das ist das einzige Persönliche von ihm, was mir geblieben ist und die Briefe von ihm, die er nach seiner Ausreise schrieb. Ich habe mich nie davon trennen können.

---

[53] es war letztendlich der 5. Februar 1988

Michael hatte dann die Idee, daß ich, wenn ich am 03.05.1988 volljährig werde, einen Antrag auf Eheschließung stellen soll. Das gab mir dann die Hoffnung, daß er es wirklich ernst mit mir meinte und ich ihn wiedersehe.

Zu der Zeit dachte ich noch, das geht ganz einfach. Es kann ja nicht sein, daß ein Staat sich das Recht nimmt, über eine Liebe zwischen zwei Menschen zu bestimmen.

Aber ich sollte mich noch täuschen …

Am Abend vor seiner Ausreise hatte ich noch einen Verlobungsring gekauft. Ich wollte unbedingt zeigen, daß es mir ernst ist mit der Heirat. Das war dann auch über die nächsten Monate meine Verbindung zu Michael.

Wir haben den Abend noch viel erzählt und die Zukunft geplant. Ich konnte es nicht begreifen, daß er am nächsten Abend nicht mehr da sein wird und ich nicht weiß, wann wir uns je wiedersehen. Am liebsten hätte ich ihn nie los gelassen …

Ich fragte dann auf Arbeit, ob ich am 05.02.1988 etwas später auf Nachtschicht kommen kann.

Mir war es ganz wichtig, Michael abends am Bahnhof zu verabschieden. Dies gewährte man mir auch.

Er stand dann da am Bahnsteig mit Köfferchen und Tasche. Das war alles aus seinem Leben in der DDR. Unfaßbar wenn man so zurückblickt.

Als der Zug kam war es dann endgültig. Ich weinte, er weinte, und es war ein ganz furchtbares Gefühl.

Ich wollte ihn gar nicht loslassen und habe dermaßen geklammert, aber er mußte in den Zug.

Ich habe noch am Bahnsteig gewartet bis der Zug nicht mehr zu sehen war. Und ich wußte zu der Zeit nicht, daß es das letzte Mal war, das ich ihn gesehen habe.

Danach bin ich dann zur Nachtschicht und ich weiß eigentlich nicht mehr, wie ich den Dienst durchgehalten habe. Meine Gedanken waren nur bei Michael. Der war ganz allein in einer völlig fremden Welt.

Die nächsten Tage waren furchtbar. Ich wußte nicht, wie es Michael ging, ob er überhaupt in der BRD angekommen ist oder ob man sich wieder etwas ausgedacht hatte, um ihn wieder einzusperren.

Dann kam endlich eine Karte aus Gießen, dort war so eine Art »Auffanglager«. Mir fiel ein Stein vom Herzen, daß er dort war, wo er hinwollte, und er war in Sicherheit. Ab da telefonierten wir so oft es ging und ich war glücklich, wenn ich seine Stimme hörte. Etwas später bekam er eine Wohnung in Bremerhaven. Er war dort angekommen, wo er hinwollte und ich hoffe bis heute, daß er glücklich ist.

Auf Arbeit waren sie dann ziemlich geschockt, daß ich mit einem Mal mit Michael verlobt war. Dies zeigte ich ja sehr deutlich mit meinem Ring. Einige der Kollegen wünschten, daß uns dieser Weg gelingt und es gab einige wenige, die mich für nicht ganz normal hielten. Sie glaubten nicht daran, daß Michael auf mich wartet. Mir war das aber ehrlich gesagt völlig egal, was sie dachten. Ich habe mir schon immer meine eigene Meinung gebildet und diese auch vertreten. Ich war so verliebt und das konnte mir keiner nehmen.

Dann hatte ich erst einmal einige Zeit Ruhe. Man nahm es so hin, und ich erzählte auch kaum etwas von unserer weiteren Verbindung.

Am 12.05.1988 stellte ich dann meinen Antrag auf Eheschließung und mußte dafür zur Abteilung »Inneres«. Man machte dort ein paar belustigende Sprüche diesbezüglich, aber einen Zeitraum, ob und wann es klappen könnte, gab man mir nicht. Das war schon ziemlich deprimierend. Ich hatte es mir einfach anders vorgestellt. Einfacher.

Einige Zeit später ergab es sich, daß ich mich öfters mal mit meiner Kollegin *Ina Pulß* privat traf. Ich ging ab und zu mal mit ihr essen. Dort ergaben sich immer wieder mal Gespräche mit anderen Menschen, die einen Ausreiseantrag gestellt hatten, und ich tauschte mich mit ihr aus.

Es wurde mir nach den Gesprächen immer mehr bewußt, daß es wahrscheinlich Jahre dauern könnte, bis man mich zu Michael ließ. Das war einfach unerträglich...

Zu der Zeit bin ich in die Wohnung meiner Mutter gezogen, in die Katharinenstraße, denn aus der Wohnung von meinem Vater mußte ich raus. Dort war ich wieder viel für mich allein und dachte ständig daran, wie ich zu Michael komme. Er fehlte mir ohne Ende und nach unseren Telefonaten fühlte ich mich meistens noch schlechter und weinte viel. Meine Ausbildung zur Krankenschwester sagte man mir auch ab, weil ich den Ausreiseantrag laufen hatte. Es war also kein sehr »sozialer« Staat, und der machte mich immer wütender.

Es war irgendwann im September 1988. Ich war zu der Zeit oft bei meiner Kollegin Ina privat zu Hause. Es war für mich die einzige festere Bezugsperson und Freundin zu der Zeit. Sie war zwar fast 20 Jahre älter als ich, aber wir kamen super miteinander aus.

Ich vertraute ihr viel Privates aus meinem Leben an, weil ich wirklich dachte, sie wäre meine beste Freundin. Dies sollte sich aber später, laut meinen Stasiunterlagen, als ein großer Fehler erweisen.

Irgendwann im September lernten wir beim Essengehen zwei Bausoldaten kennen. Benno Ahting und Heiko Broch. Die Beiden Männer waren hier in Wittenberg stationiert. Da sie sehr nett und offen waren, ergab sich das Gespräch auf den Ausreiseantrag. Auch diese beiden hatten die Absicht, aus der DDR auszureisen. Sie waren sehr frustriert hier, denn obwohl sie den Antrag laufen hatten, mußten sie ihren Wehrdienst ableisten.

Darüber kann man heute nur lachen, wie man Menschen geballt in einer Gruppe zusammenhält, die unter allen Umständen die DDR verlassen wollten. Das dies gefährlich ist, ist logisch für jeden normal Denkenden.

Benno Ahting war damals gerade ein paar Wochen frisch verheiratet und wollte mit seiner Frau in die BRD, da auch sein Bruder schon nach Westberlin ausgereist war. Heiko Broch war einfach frustriert von der DDR und wollte weg. Es ergaben sich mit den beiden sehr interessante Gespräche, die immer mehr in Richtung »Flucht aus der DDR« gingen.

Dazu muß ich aber noch einmal klarstellen, daß ich in der ganzen Zeit kein Verhältnis hatte, mit einem von diesen beiden Männern. Laut meiner Stasiunterlagen hat man dies nämlich Michael bewußt geschrieben, mit der Absicht, unsere Beziehung auseinander zu bringen. Ich war damals sehr schockiert, als ich gelesen habe, mit welchen Mitteln man gegen mich vorging.

Uns ging es einfach nur darum, aus der DDR heraus zu kommen und ich war halt irgendwann soweit, dies unter allen Umständen zu erreichen. Ich wollte nur eins, zu Michael.

Ich traf mich dann oft mit Benno, wenn er Ausgang hatte und wir planten irgendwann, daß der einfachste Weg aus der DDR heraus zu kommen, doch der Weg über eine Botschaft in Berlin sein könnte. Ab da ließ uns der Gedanke nicht mehr los und wir planten.

Ich schrieb Michael am 01.10.1988 in einem Brief davon und fragte, was er davon halten würde.

Benno schrieb seinen Bruder und fragte nach, welche Botschaft dafür am besten geeignet sei. Er antwortete, Schweden oder Dänemark.

Wir waren eigentlich sehr naiv zu dieser Zeit. Wie konnte man *das* in einem Brief schreiben?

Heute wäre ich schlauer. Aber irgendwie mußte man ja kommunizieren, und das ging zu dieser Zeit nur über Briefe. Am Telefon konnte man darüber nicht reden. Einmal hat sich während eines Telefonates ein Mann dazwischengeklinkt und uns daraufhin gewiesen, staatsfeindliche Äußerungen am Telefon zu unterlassen.

Ich war damals total geschockt, daß jemand wirklich am Telefon unsere Gespräche verfolgte.

In der DDR gab es Privatsphäre scheinbar nicht.

Ab diesen Brief Nr. 134 an Michael, ging es richtig los mit der Verfolgung durch die Staatssicherheit.

Dies wurde mir aber erst in meinen Unterlagen nach der Wende ersichtlich. Ich hätte nie gedacht daß ich so etwas »Großes« losgetreten habe.

Benno erwartete einen wichtigen Brief von seinem Bruder aus Westberlin, mit Einzelheiten wegen der Botschaftsbesetzung. Diesen Brief ließ er zu Inas Adresse schicken. Es ging einfach nicht, daß der Brief zu ihm in die Kaserne geschickt wurde. Das war zu unsicher. Bei Ina, dachten wir, wäre es am sichersten gewesen, aber wir sollten uns arg täuschen, denn laut meinen Unterlagen war Ina da schon im direkten Kontakt mit der Stasi. Der Brief wurde von ihr entgegengenommen und direkt an die Stasi weitergegeben. Dort wurde er geöffnet, und gelesen an Ina zurückgegeben. Benno erhielt ihn am nächsten Tag, schön hergerichtet, als wäre er nie geöffnet gewesen.

In dieser Zeit war Ina schon voll aktiv bei der Zusammenarbeit mit der Stasi. Ihre Wohnung war mit »Wanzen« ausgelegt und man hörte mit ihrem Einverständnis jede Unterhaltung ab, was zwischen mir und Ina besprochen wurde. Dafür erhielt sie aus Dank einen schönen Pralinenkasten, den ihr die Staatssicherheit zum Geburtstag schenkte. Mir wird heute noch übel bei so viel Verlogenheit von ihr.

Ich hatte zu der Zeit meine persönlichen Unterlagen, wie meine Zeugnismappe und die Geburtsurkunde, zu Ina gebracht. Dies, dachte ich, war ein sicherer Ort, weil ich doch einmal aus der Wohnung von meiner Mutter herausmußte.

Das Vorhaben, in die Botschaft von Schweden oder Dänemark zu flüchten, wurde sehr schnell in die Tat umgesetzt. Ich wollte unter allen Umständen so schnell wie möglich zu Michael. Ich hatte langsam Angst, daß er nicht mehr so sicher war, ob es mit uns klappt und ich befürchtete immer mehr, daß er mich doch vergißt und ich ihn verliere. Zu Weihnachten wollte ich bei ihm sein. Das war mein fester Entschluß.

Ich mußte den Weg ganz allein gehen, denn eine Kommunikation mit Michael war einfach nicht möglich.

Benno und ich planten, daß ich am 17.10.1988 allein nach Berlin fahre und mir die Umgebung vor den Botschaften anschaue. Uns war es wichtig, ob wirklich die Möglichkeit bestand, in diese Botschaft zu kommen. Zum Beispiel: Wie viele Polizisten stehen da, gibt es dort einen Zaun, kommt man an die Tür usw. Das war echt ein Krimi für mich. Ich wußte natürlich nicht, daß ich zu der Zeit unter voller Beobachtung stand. Dank Ina.

Irgendwann jedoch hatte Ina einen neuen Freund kennengelernt. Der Mann kam mir sehr komisch vor und versuchte mich zu locken, über meinen Ausreiseantrag und ähnliche Sachen zu reden. Er war mir sehr unsympathisch und widerlich aufdringlich.

Irgend etwas stimmte nicht. Es kamen mit einem Mal auch öfters Männer bei Ina zu Besuch, die ich in keiner Weise kannte. Das waren sogenannte Freunde von dem Freund von Ina.

Ich merkte auch, wie hörig sie ihm war, und wie sie sich veränderte. Aus diesem Grund zog ich mich von ihr zurück und ging kaum noch hin.

Ich traf mich dann nur noch in meiner damaligen Wohnung in der Katharinenstraße mit Benno, wenn er mal Ausgang hatte. Wir hatten uns auch angewöhnt, spazieren zu gehen und nichts mehr in der Wohnung zu besprechen, was die Botschaftsbesetzung anging. Wir fühlten uns irgendwie verfolgt.

Am 17.10.1988 fuhr ich früh nach Berlin, um das Botschaftsviertel zu erkunden. Zum Abend mußte ich wieder in Wittenberg sein, weil ich Nachtschicht hatte.

Ich war dort ganz allein und lief durch die Gegend. Es war so gut wie kein Mensch unterwegs und ich fühlte mich auch nicht beobachtet. Aber auch davon wußte die Stasi schon, dank Ina. Die hatte dieses Vorhaben schon an ihre Freunde, der Stasi weitergegeben. Aber davon erfuhr ich erst nach der Wende.

Ich lief da so und dachte: »Steht nur *ein* Polizist vor der Botschaft, um sie abzusichern?«

Ich überlegte, ob ich einfach hingehen und klingeln soll. Was würde passieren, wenn ich ihnen sagte, ich will in die BRD zu meinem Freund, um ihn zu heiraten?

Für mich wirkte es wirklich so, als könnte da jeder hingehen und um Einlaß bitten.

Es war jeweils nur ein Polizist vor den Botschaften und es wäre vielleicht ganz einfach gewesen, da rein zu kommen. Vielleicht sollte ich es einfach tun?

Ich tat es aber aus Loyalität zu Benno und Heiko nicht, denn sie hatten auch den festen Entschluß, dies mit durchzuziehen.

Als ich mit meiner Erkundung fertig war, setzte ich mich in den Zug nach Wittenberg und fuhr zurück.

Nach dieser Recherche dachte ich, es wird ganz einfach, der Weg über die Botschaft funktioniert.

Vor meiner Nachtschicht kamen Benno und Heiko noch vorbei und wir besprachen meinen Ausflug. Auch sie waren der festen Überzeugung, daß es funktionieren könnte, nach dem, was ich gesehen hatte. Mir ging es die Tage darauf richtig gut. Es gab endlich einen Weg zu Michael.

Zu Ina sagte ich diesbezüglich nichts Genaueres mehr. Es war mir einfach sicherer.

Ab dann ging es los, das mein Leben fotodokumentiert und abgehört wurde. Und das 24 Stunden am Tag. Es wurde alles von mir gesammelt: Wo ich war, mit wem ich sprach, einfach alles.

In meiner damaligen Wohnung, in der Katharinenstraße, hatte ich zwei »Wanzen« gefunden. Eine im Nachtschrank im Schlafzimmer und eine im Wohnzimmerschrank. Man kann sich also vorstellen, daß sie alles von mir wußten. Und für den Rest, den sie nicht wußten, hatten sie ja Ina und ihren Stasifreund.

Danach schrieb ich Michael, er möchte mir doch westlich aussehende Kleidung schicken, damit ich in Berlin vor der Botschaft nicht so auffalle, und es dadurch leichter werden könnte, in die Botschaft zu gelangen. Das gleiche tat Benno. Er erwartete ein Paket von seinem Bruder.

Wir hatten wirklich fest vor, die Botschaft von Dänemark zu besetzen und dort erst wieder heraus zu gehen, wenn sie uns in die BRD lassen. Benno mit seiner Frau, Heiko und ich.

In den nächsten Tagen planten wir alles richtig durch. Zu Weihnachten wollten wir weg sein, das war unser fester Entschluß.

Benno und Heiko mußten sehen, daß sie einen gemeinsamen freien Tag bekamen, und das gleiche galt für mich. Für die beiden war es schwieriger, denn sie brauchten freie Tage, die von der Armee befürwortet werden mußte. Das war gar nicht so einfach.

Ich gab es in meinem Dienstplan als »wunschfrei« an, und erhielt es auch.

Es sollte dann der 14.11.1988 sein. An diesem Tag wollten wir versuchen, in die Botschaft von Dänemark zu kommen. Ich hatte ganz schön Angst davor. Es könnte sein, daß man uns schnappt und dann geht es ab ins Gefängnis. Das war mir schon sehr bewußt.

Einige Tage vor unserem Vorhaben, in die Botschaft zu flüchten, nahm mich meine Chefin aus der Hufeland-Klinik beiseite. Sie gab mir zu verstehen, ich sollte mich aus Inas Privatleben zurückziehen, denn ich würde ihr damit nur schaden. Ich war damals schockiert darüber, warum meine Chefin sich in mein Privatleben einmischte. Nach der Wende habe ich verstanden, warum sie dies tat. Sie wußte scheinbar, daß Ina in Verbindung mit der Staatssicherheit stand.

Ich sprach über dieses Ereignis mit Benno. Er meldete sich einen Tag später bei mir, daß er aus Wittenberg versetzt wird und ich sollte von Ina ganz weit wegbleiben, da er das Gefühl hat, daß sie für die Stasi arbeitet. Er sagte wir müßten das Ganze verschieben.

Für mich brach eine Welt zusammen. Ich war sehr traurig, daß ich wieder nicht zu Michael konnte und daß ich mich scheinbar in Ina sehr getäuscht hatte. Ich hatte zwar nichts Richtiges gegen sie in der Hand, aber mir gegenüber war sie sehr komisch in ihrem Verhalten geworden. Das war schon seltsam.

Ich erfuhr erst später anhand meiner Akten, wie sehr Ina an der ganzen Sache beteiligt war.

Benno und ich beschlossen, das ganze Vorhaben erst einmal zu verschieben, daß wir uns aber weiterhin so verhalten wie immer, und schauen was passiert.

Hätte ich zu der Zeit gewußt, daß ich unter täglich 24 Stunden Bewachung stand, hätte ich mir noch etwas einfallen lassen, um die zu ärgern.

Von Ina habe ich mich ab diesen Zeitpunkt komplett zurückgezogen. Ich war sehr enttäuscht von ihr.

Ich war sehr traurig, daß es wieder keinen Weg gab um Weihnachten bei Michael zu sein.

Zu der Zeit lebte ich sehr zurückgezogen und traurig. Ich mußte aus der Wohnung in der Katharinenstraße raus, da meine Mutter sie gekündigt hatte, und lebte nun wieder in einem Zimmer bei ihr und ihrem Lebenspartner.

Aber ich glaubte immer noch fest daran, Michael irgendwann zu heiraten. Wir telefonierten ja immer noch ständig miteinander. Der Antrag auf Eheschließung lief auch noch.

Von Benno und Heiko hörte ich dann in den nächsten Wochen kaum etwas, denn sie waren aus Wittenberg abgezogen und nach Neuseddin versetzt worden.

* * *

Dann kam ein Tag im Januar 1989. Das genaue Datum weiß ich nicht mehr. Ich kam nach Hause, und in der Wohnung waren zwei Männer bei meiner Mutter. Man sagte mir, daß ich am nächsten Tag um 7.30 Uhr zu einem Gespräch mit dem MfS in die Melanchthonstraße kommen sollte. Mir ist dabei vor Angst fast das Herz stehengeblieben.

Meine Mutter war aus allen Wolken gefallen, denn die Männer sagten ihr etwas von dem Fluchtversuch. Aber der Gedanke schien ihr sichtlich zu gefallen, denn dann hätte sie ja Westverwandtschaft gehabt.

Ich nahm zum Schlafen damals eine Faustan-Tablette[54] um mich zu beruhigen, aber in Wirklichkeit half das nicht viel.

Ich hatte ja in keinster Weise damit gerechnet, daß ich jetzt zum Gespräch muß, nachdem bezüglich der Flucht in die Botschaft erst einmal alles auf Eis gelegt war. Und woher sollten die das auch wissen? Aber etwas hatte ich mir in dieser Nacht fest vorgenommen. Sollte ich eingesperrt werden, nehme ich mir dort auf jeden Fall das Leben. Ich werde nicht auf Ewigkeit in einer Zelle der DDR sitzen, das hätte ich definitiv nicht ertragen. Aber das aller schlimmste war, ich konnte nicht mal mit Michael reden und ihn um Hilfe bitten.

Da mußte ich allein durch. Geschlafen habe ich in der Nacht nicht, und ich hatte richtig Angst vor dem nächsten Tag.

Tags darauf fuhr mich meine Mutter um 7.30 Uhr zur MfS in die Melanchthonstraße. Ich wurde von einem Mann entgegengenommen und in den hinteren Teil des Gebäudes gebracht.

Es muß ein Sitzungsraum gewesen sein, denn er war sehr groß und die Tische waren in einem großen Viereck zusammengestellt. Es hätten bestimmt zwanzig Mann an diese Tafel gepaßt. An den Türen gab es keine Klinken. Ich wäre also nicht einmal von allein rausgekommen. Ich saß allein an der langen Seite mit Blick zu den Fenstern, die vergittert waren, hinter mir war die Tür. Ich hatte keine Ahnung, wer da ein- und ausging, und die Tür ging sehr oft auf und zu.

Es kamen immer wieder irgendwelche Männer (keine einzige Frau!) in diesen Raum. Es wurde getuschelt und ich wurde ewig dort sitzengelassen, bis man überhaupt mal mit dem Verhör anfing.

---

[54] ein stärkeres Beruhigungsmittel

Mir kam es vor wie eine Ewigkeit, und ich hatte totales Herzrasen vor Angst.

Irgendwann setzten sich vier Männer mir gegenüber und fingen an, mit mir zu sprechen.

Es wäre ihnen ein anonymer Brief zugeschickt worden mit dem Inhalt, daß ich die DDR mit zwei Bausoldaten über den Weg der Botschaft von Dänemark oder Schweden verlassen wolle.

Mir rutschte das Herz vor Schreck sonstwohin. Ich hatte keine Ahnung, wer das gemacht haben soll.

Ich hatte mit vielem gerechnet, aber nicht mit sowas.

Wegen diesem Brief wußten die alles. Man erläuterte mir sämtliche Paragraphen aus dem Strafgesetzbuch, gegen welche Gesetze ich verstoßen habe und daß dies mit Gefängnis bestraft werde.

Ich bekam vor Schreck keinen Laut heraus.

Die Männer gingen dann erst einmal wieder raus, und es dauerte eine Ewigkeit, bis das Verhör weiterging.

Man ließ mich dann einfach sitzen und grübeln. Von denen war aber immer jemand im Raum. Man sprach nur nicht mit mir, sondern paßte auf mich auf. Zwischendurch versuchte man mir auch etwas zu trinken und Essen anzubieten. Ich lehnte aber ab, weil ich Angst hatte, man tut mir irgend etwas da rein. Diesen Leuten konnte man einfach nicht trauen. Sie waren aber dazu verpflichtet, so wurde ich belehrt. In den zehn Stunden nahm ich jedenfalls nichts zu mir. Einmal bin ich mit Begleitung zur Toilette, und das war schon sehr unangenehm für mich. Man ließ mich keinen Augenblick allein. Das Gefühl war einfach furchtbar, ständig irgendwelche fremden Männer um sich zu haben und nicht zu wissen, was passiert.

So ging es über Stunden weiter. Ich sollte mich dazu äußern und erklären, warum ich dies und das tat und ob noch andere Personen an diesem Vorhaben beteiligt waren, was ich verneinte.

Vor allem fragte man mich, wer der Verfasser dieses Briefes sein kann.

Ich hatte keine Ahnung. Was sollte ich da noch groß erklären, sie wußten einfach alles anhand des Briefes. Ich konnte es nur zugeben, abstreiten wäre sinnlos gewesen.

Auf was ich aber achtete war, daß ich weder Benno noch Heiko negativ belastete. Ich bejahte nur, was sie wußten, und fügte nichts anderes hinzu.

Ich wußte allerdings nicht, daß Benno und Heiko zu der gleichen Zeit im Verhör saßen. Nur in einer anderen Stadt. Das stellte sich erst Wochen später heraus, als sie sich von mir verabschiedeten.

Man befragte mich zu meiner Beziehung mit Michael und versuchte, dies schlecht zu reden.

Das Spiel von denen ging über Stunden. Man verhörte mich und lies mich dann wieder für gefühlte Ewigkeiten unter Beobachtung sitzen. Es wurde mir ständig mit Gefängnis gedroht.

Gegen 16.00 Uhr kam dann Bewegung in die ganze Sache. Es waren etwa zehn Leute vom MfS in diesem Raum. Sie wurden mit einem Mal total hektisch und aufgeregt. Nach ein paar Minuten ging es knallhart in dem Verhör zu, man wurde mir gegenüber laut und drohte, wenn ich den Antrag auf Eheschließung jetzt nicht zurücknehme, werde ich sofort in ein Gefängnis überführt.

Ich war fix und fertig mit den Nerven, daß ich den Antrag zurückgenommen habe. Wie schlecht ich mich dabei gefühlt habe, kann ich gar nicht beschreiben.

Man sagte mir dann, daß ich am Telefon die Beziehung mit Michael beenden soll und daß mir jeglicher Kontakt mit Benno und Heiko untersagt wird. Sollte ich mich nicht daran halten, gehe ich ohne Wenn und Aber ins Gefängnis. Dies mußte ich noch unterschreiben, dann führte man mich zum Eingang hinaus. Meine Mutter wartete dort auf mich.

Es stellte sich dann heraus, daß die Hektik im Verhör deswegen ausgelöst wurde, weil meine Mutter gegen 16.00 Uhr kam und nachfragte, wie lange sie mich denn noch festhalten wollen. Sie wollte nicht gehen, bis ich wieder herauskomme. So sagte sie es mir.

Ich habe keine Ahnung, wie lange das Verhör gedauert hätte, wenn sie nicht gekommen wäre. Aber über den Druck, den das MfS wegen ihr gemacht hat, habe ich mich schon geärgert. Ich verstehe bis heute nicht, warum sie wegen meiner Mutter so vorgegangen sind.

Ich fühlte mich jedenfalls elend und schlecht, weil man es doch geschafft hatte, mich zu brechen.

Danach war ich nicht mehr der Mensch, der ich vorher war. Als ich das Gebäude verließ, brach ich vollkommen zusammen. Ich weinte ohne Ende und zitterte am ganzen Körper. Es hörte erst Stunden später auf.

Nun mußte ich Michael sagen, daß ich den Ausreiseantrag zurückgenommen habe. Das war das Allerschwerste für mich. Ich mußte meine große Liebe beenden, obwohl ich dies gar nicht wollte. Darüber haben andere bestimmt und das nur, weil man mich sonst ins Gefängnis gesteckt hätte.

Ich hatte ihn so vermißt und wollte zu ihm, aber nun war alles aus.

Am Abend, ich glaube es war noch der gleiche Tag, telefonierten wir. Ich sagte ihm, ich hätte den Ausreiseantrag zurückgenommen und legte auf. Das war ein Augenblick, den ich nie vergessen werde. Warum und weshalb, das hatte er bis nach der Wende nicht erfahren.

Mir ging es nach diesem Erlebnis sehr schlecht. Vertrauen konnte ich seit dieser Sache niemandem mehr, und ich war sehr enttäuscht von meinen Mitmenschen. Ich habe nur noch existiert, aber nicht mehr gelebt. Man hatte mich gebrochen. Ich dachte ständig an Michael, und was er nun machte.

* * *

Als dann im November 1989 die Nachricht im Fernsehen kam, daß die Mauer gefallen ist, konnte ich es nicht fassen. Ich weine heute noch, wenn Bilder davon im Fernsehen kommen.

Hätte ich gewußt, daß es einmal so kommt, hätte ich den Antrag nie zurückgenommen.

Michael habe ich die ganzen Jahre nicht vergessen. Er war immer präsent in meinen Gedanken. Ich schäme mich bis heute, daß ich bei dem Verhör eingeknickt bin und den Antrag zurückgenommen habe.

Nach der Wende sah ich mir dann meine Unterlagen des MfS an, und was ich da gelesen habe, war wie ein Schlag ins Gesicht. Mit welchen Mitteln man gegen mich ermittelt hat, war unglaublich.

Daß Ina alles von mir verraten hat, war ein Schock. Diese nette, unscheinbare Person hatte mir mein Leben kaputtgemacht. Das war unbegreiflich für mich, und auch die Erkenntnis, mit welchen Methoden gearbeitet wurde, nur um die Beziehung mit Michael zu beenden. Wenn ich mir die Unterlagen heute so durchlese, wird mir richtig Übel bei den Gedanken an diese Zeit. Wie konnten sich Menschen im Sozialismus so verhalten?

Katharina K., im Juli 2017

Rehabilitierung

Bezirksgericht Halle (Saale)
2. Senat für Rehabilitierungsverfahren

B e s c h l u ß

In dem Rehabilitierungsverfahren

für Michael M ö h r i n g
[…]

- Betroffener -

hat das Bezirksgericht Halle – 2. Senat für Rehabilitierungsverfahren – am 9. Juli 1992 durch

Richter am Kreisgericht G r a s s e
als Vorsitzenden

Richter am Amtsgericht O e t l i n g
Richter G o t t f r i e d
als beisitzende Richter

b e s c h l o s s e n :

Das Urteil des Kreisgerichts der Stadt Halle vom 27. August 1987 (S 738/87) wird

a u f g e h o b e n.

Der Betroffene wird

r e h a b i l i t i e r t.

Der Betroffene hat für den erlittenen Freiheitsentzug vom 2. Juli 1987 bis zum 3. Dezember 1987 einen Anspruch auf soziale Ausgleichszahlungen (§ 7 RehaG).

Die Entscheidung ergeht gerichtskostenfrei; die notwendigen Auslagen des Betroffenen trägt die Landeskasse.

Gründe:

I.

Der Betroffene wurde mit dem im Tenor bezeichneten Urteil wegen öffentlicher Herabwürdigung gemäß § 220 StGB-DDR zu einer Freiheitsstrafe von einem Jahr und drei Monaten verurteilt.

Nach dem Inhalt der beigezogenen Strafakte beruhte die Verurteilung des Betroffenen auf folgenden damaligen Feststellungen:

Der Betroffene, der verschiedene Fernsehsendungen von westdeutschen Sendern verfolgt hatte, fertigte unter dem Datum vom 8. Juni 1987 ein Schreiben an den Rat des Kreises Wittenberg, Abteilung Innere Angelegenheiten, in dem er ausführte: »Das Eingreifen der Volkspolizei der DDR auf harmlose unbewaffnete Jugendliche, die lediglich ihr Recht auf Freiheit und ein Leben ohne menschenverachtende Mauer kundtaten«, rufe in ihm schärfsten Protest hervor.

Mit diesem Schreiben beabsichtigte er, Einfluß auf die Bearbeitung seines Antrages zu nehmen, mit dem er die Genehmigung zur Übersiedlung in die Bundesrepublik Deutschland erreichen wollte.

Der Betroffene befand sich in dieser Sache in Untersuchungshaft seit dem 2. Juli 1987 und nach Rechtskraft des Urteils in Strafhaft bis zum 3. Dezember 1987.

II.

Der Betroffene beantragt seine Rehabilitierung.

Die Staatsanwaltschaft Halle/Saale beantragt ebenfalls Rehabilitierung mit den sich aus § 4 RehaG ergebenen Folgen.

III.

Der Antrag ist zulässig. Gemäß § 10 Absatz 1 Ziffer 1 des Rehabilitierungsgesetzes vom 06.09.1990 (GB1. DDR I, S. 1459 i.d.F. der Vereinbarung vom 18.09.1990 zur Durchführung und Auslegung des Einigungsvertrages – GB1. DDR I, S. 1979 – im folgenden: RehaG) ist der Betroffene antragsberechtigt.

Der Antrag ist auch begründet. Der Betroffene war gemäß § 3 Absatz 1 und 2 Ziffern 1 und 3 RehaG zu rehabilitieren.

Der Betroffene wurde verurteilt, weil er von seinem verfassungsmäßigen politischen Grundrecht auf freie Meinungsäußerung (Artikel 27 Absatz 1 der Verfassung der DDR 1968 i.d.F. von 1974) Gebrauch gemacht und politischen Widerspruch in Schrift erhoben sowie mit friedlichen Mitteln Einfluß auf die Genehmigung seiner Ausreise aus der DDR genommen hatte.

Das gegen ihn ergangene Urteil war aufzuheben (§ 4 RehaG). Die diesbezüglichen Strafregistereintragungen sind zu tilgen (§ 5 Absatz 2 RehaG).

Die Zeit des in dieser Sache verbüßten Freiheitsentzuges ist als versicherungspflichtige Tätigkeit anzurechnen (§ 9 RehaG).

Der Betroffene hat gemäß § 7 Absatz 1 RehaG einen Anspruch auf soziale Ausgleichsleistungen, über deren Höhe der Senat jedoch nicht zu befinden hat. Gemäß § 7 Absatz 2 RehaG richten sich Art und Umfang der sozialen Ausgleichsleistungen alleine nach den Bestimmungen des Häftlingshilfegesetzes.

Mit seinen konkreten Ansprüchen hat sich der Betroffene an die für seinen Wohnsitz zuständigen Verwaltungsbehörden zu wenden, denen die Durchführung des Bundesversorgungsgesetzes und des Unterhaltshilfegesetzes obliegen.

Die Kostenentscheidung beruht auf § 16 Absatz 1, Absatz 2 Satz 1 RehaG.

Die ersten beiden Teile

Für diejenigen, die Teil 1 und 2 nicht kennen und wissen möchten, wie alles angefangen hat:

Teil 1

Michael Möhring

Naumburg

nach einer wahren Begebenheit.

Inhalt:

Im Dezember 1976 planen zwei Jugendliche, die DDR über die Grenze der ČSSR ungesetzlich zu verlassen. Im letzten Augenblick überlegten sie es sich anders und brachen die Aktion ab.

Doch dafür war es bereits zu spät, der Staat hatte sie bereits unter Beobachtung. Die Dinge, die dann geschahen, veränderten ihr Leben für immer.

Teil 2

Michael Möhring

Torgau

nach wahren Begebenheiten

Inhalt:

Im Frühjahr 1978 werde ich im Wald von Soldaten des DDR-Grenzschutzes festgenommen. Obwohl sie mir nichts weiter als einen Waldspaziergang nachweisen konnten, kam ich hinter Schloß und Riegel. Monate später vor Gericht erlebten Staatsanwalt und Richter eine herbe Niederlage.

Allerdings konnten sie sich nur wenige Monate später dafür rächen.

Auszüge aus den Gesetzen der DDR

---

[i] Straftaten gegen die staatliche und öffentliche Ordnung

§ 220

Öffentliche Herabwürdigung

(1) Wer in der Öffentlichkeit die staatliche Ordnung oder staatliche Organe, Einrichtungen oder gesellschaftliche Organisationen oder deren Tätigkeit oder Maßnahmen herabwürdigt, wird mit Freiheitsstrafe bis zu zwei Jahren oder mit Verurteilung auf Bewährung, Haftstrafe, Geldstrafe oder mit öffentlichem Tadel bestraft.
(2) Ebenso wird bestraft, wer in der Öffentlichkeit Äußerungen faschistischen oder militaristischen Charakters kundtut.

[ii] Straftaten gegen die staatliche und öffentliche Ordnung

§ 213

Ungesetzlicher Grenzübertritt

(1) Wer widerrechtlich in das Gebiet der Deutschen Demokratischen Republik eindringt oder sich darin widerrechtlich aufhält, gesetzlichen Bestimmungen oder auferlegte Beschränkungen über Ein- und Ausreise, Reisewege und Fristen oder den Aufenthalt nicht einhält oder wer durch falsche Angaben für sich oder einen anderen eine Genehmigung zum Betreten oder verlassen der Deutschen Demokratischen Republik erschleicht oder ohne staatliche Genehmigung das Gebiet der Deutschen Demokratischen Republik verläßt oder in dieses nicht zurückkehrt, wird mit Freiheitsstrafe bis zu zwei Jahren oder mit Verurteilung auf Bewährung, Haftstrafe, Geldstrafe oder öffentlichem Tadel bestraft.

(2) In schweren Fällen wird der Täter mit Freiheitsstrafe von einem Jahr bis zu fünf Jahren bestraft. Ein schwerer Fall liegt vor, wenn

1. die Tat durch Beschädigung von Grenzsicherungsanlagen oder Mitführen dazu geeigneter Werkzeuge oder Geräte oder Mitführen von Waffen oder durch die Anwendung gefährlicher Mittel oder Methoden durchgeführt wird;
2. die Tat durch Mißbrauch oder Fälschung von Ausweisen oder Grenzübertrittsdokumenten, durch Anwendung falscher derartiger Dokumente oder unter Ausnutzung eines Verstecks erfolgt:
3. die Tat von einer Gruppe begangen wird;
4. der Täter mehrfach die Tat begangen oder im Grenzgebiet versucht hat oder wegen ungesetzlichen Grenzübertritts bestraft ist.

(3) Vorbereitung und Versuch sind strafbar.

Anmerkung:
Zuwiderhandlungen gegen die gesetzlichen Bestimmungen oder auferlegte Beschränkungen über Ein- und Ausreise oder Aufenthalt können in leichten Fällen als Ordnungswidrigkeit verfolgt werden.

iii § 105

Vernehmung von Beschuldigten

(1) Nachdem die Einleitung des Ermittlungsverfahrens verfügt ist, darf der Beschuldigte vernommen werden.

(2) Vor Beginn der Vernehmung sind dem Beschuldigten die Einleitung des Ermittlungsverfahrens und die erhobene Beschuldigung mitzuteilen. Er ist über seine Rechte gemäß § 61 zu belehren; über die Beweismittel ist der Beschuldigte spätestens vor Abschluß der Ermittlungen zu unterrichten. Dies ist im Protokoll zu vermerken.

(3) Die Vernehmung beginnt mit der Feststellung der erforderlichen Angaben zur Person.

(4) In der Vernehmung ist dem Beschuldigten Gelegenheit zu geben, sein Verhalten darzulegen, den Verdacht zu beseitigen, entlastende Umstände vorzubringen und Anträge zu stellen.

(5) Dem Beschuldigten kann gestattet werden, seine Ausführungen in schriftlicher oder in anderer Form aufzuzeichnen.

[iv] Verteidigung

§ 61

Recht auf Verteidigung

(1) Das Recht auf Verteidigung umfaßt das Recht des Beschuldigten oder des Angeklagten,
- die Beschuldigung kennenzulernen;
- über die Beweismittel unterrichtet zu werden;
- alles vorzubringen, was die erhobene Beschuldigung ausräumen oder seine strafrechtliche Verantwortlichkeit mindern kann;
- sich selbst zu verteidigen und sich in jeder Lage des Verfahrens eines Verteidigers zu bedienen;
- Beweisanträge und andere Anträge zur Durchführung des Verfahrens zu stellen;
- Rechtsmittel einzulegen.

(2) Das Gericht, der Staatsanwalt und die Untersuchungsorgane haben das Recht auf Verteidigung zu gewährleisten. Sie haben den Beschuldigten oder den Angeklagten im jeweiligen Verfahrensstadium über seine Rechte zu belehren.

[v] Ermittlungsverfahren

§ 91

Beschwerde gegen Maßnahmen der Untersuchungsorgane und des Staatsanwaltes

(1) Beschuldigte, Verteidiger, Zeugen, Sachverständige, Geschädigte und andere Personen haben das Recht, gegen jede sie betreffende Maßnahme der Untersuchungsorgane Beschwerde beim Staatsanwalt einzulegen. Zuständig für die Bearbeitung der Beschwerde ist der Staatsanwalt, der die Aufsicht über die Untersuchungen führt. Über Beschwerden gegen Maßnahmen des Staatsanwaltes entscheidet der übergeordnete Staatsanwalt.

(2) Der Staatsanwalt hat über die Beschwerde innerhalb von fünf Tagen zu entscheiden, das Ergebnis aktenkundig zu machen und

dem Beschwerdeführer mitzuteilen. Wird der Beschwerde stattgegeben, hat der Staatsanwalt eine entsprechende Weisung zu erteilen.

(3) Durch die Beschwerde wird der Gang der Untersuchung nicht aufgehalten. Die Durchführung der Maßnahme kann ausgesetzt werden.

vi Durchführung des Ermittlungsverfahrens

§ 106

Vernehmungsprotokoll

(1) Das Protokoll über die Vernehmung hat zu enthalten:

1. Ort, Zeit und Dauer der Vernehmung;
2. den Namen des Vernehmenden;
3. die Personalien des Zeugen (§ 33); beim Beschuldigten außerdem sämtliche Vornamen, Familienstand, Geburtsort und Staatszugehörigkeit;
4. die Angaben über die persönliche und gesellschaftliche Entwicklung des Beschuldigten einschließlich seiner beruflichen Tätigkeit;
5. die Vermögensverhältnisse des Beschuldigten;
6. Angaben über verwandtschaftliche und sonstige Beziehungen zwischen dem Zeugen und dem Beschuldigten;
7. den Hinweis auf Aussagepflicht des Zeugen und ein etwaiges Aussageverweigerungsrecht;
8. die Erklärungen zur Sache einschließlich zur Entlastung vorgebrachten Angaben;
9. Beweisanträge und sonstige Hinweise des Beschuldigten und Hinweise des Zeugen.

(2) Nach Abschluß der Vernehmung ist dem Vernommenen das Protokoll zur Durchsicht vorzulegen oder auf Verlangen vorzulesen. Danach hat der Vernommene jede Seite des Protokolls zu unterschreiben. Auch Veränderungen, Zusätze und Streichungen sind zu unterschreiben. Wurde von der Vernehmung zusätzlich eine Schallaufzeichnung angefertigt, ist diese nach Abschluß der Vernehmung dem Vernommenen wiederzugeben und ihre Richtigkeit von ihm zu bestätigen. Zusätze und Veränderungen sind ebenfalls zu bestätigen.

(3) Das Protokoll ist am Schluß von dem Vernehmenden unter Angabe seiner Dienststellung oder seines Dienstgrades zu unterschreiben. Die Schallaufzeichnung ist in entsprechender Weise zu bestätigen.

[vii] Verhaftung und vorläufige Festnahme

Voraussetzungen für die Anordnung der Untersuchungshaft

§ 125

Vorläufige Festnahme

(1) Wird jemand auf frischer Tat angetroffen oder verfolgt, ist, wenn er der Flucht verdächtig ist oder seine Personalien nicht sofort festgestellt werden können, jedermann befugt, ihn auch ohne richterlichen Haftbefehl vorläufig festzunehmen.
(2) Der Staatsanwalt und das Untersuchungsorgan sind auch dann zur vorläufigen Festnahme befugt, wenn die Voraussetzungen eines Haftbefehls vorliegen und Gefahr im Verzug ist.

[viii] Verhaftung und vorläufige Festnahme

Voraussetzungen für die Anordnung der Untersuchungshaft

§ 129

Fürsorgemaßnahmen

(1) Der Staatsanwalt und die Untersuchungsorgane haben dafür Sorge zu tragen, daß
1. minderjährige oder pflegebedürftige Personen, die infolge einer Inhaftierung des Beschuldigten oder des Angeklagten ohne Aufsicht bleiben, der Fürsorge der Verwandten oder anderer Personen oder Einrichtungen übergeben werden;
2. Maßnahmen zum Schutz des Vermögens und der Wohnung des Verhafteten ergriffen werden, wenn diese infolge der Inhaftierung erforderlich ist.

(2) Mit dem Verhafteten sind die notwenigen Maßnahmen zu besprechen; über das Veranlaßte ist er zu unterrichten.

[ix] Durchsuchung und Beschlagnahme

§ 108

Zulässigkeit

(1) Die Beschlagnahme ist zulässig zur Sicherung
1. von Gegenständen und Aufzeichnungen, die für die Untersuchung als Beweismittel von Bedeutung sein können oder nach den Strafgesetzen eingezogen werden können;
2. des Vermögens des Beschuldigten oder des Angeklagten, wenn dieser eine Straftat, die die Einziehung des Vermögens nach sich ziehen kann, verdächtig ist.

(2) Die Durchsuchung einer als Täter oder Teilnehmer einer Straftat verdächtigen Person, ihrer Wohnung oder anderer Räume, ihrer Grundstücke und der ihr zugehörigen Sachen ist sowohl zum Zwecke der Festnahme oder Verhaftung als auch dann zulässig, wenn zu vermuten ist, daß die Durchsuchung zur Auffindung von Beweismaterial führt.

(3) Die Einsichtnahme in Spar-, Spargiro-, Giro- und Postcheck- oder sonstige Konten einer als Täter oder Teilnehmer einer Straftat verdächtigen Person ist zulässig, wenn zu vermuten ist, daß sie zur Auffindung von Beweismaterial führt.

(4) Andere Personen, Räume, Grundstücke oder Sachen dürfen durchsucht oder in andere Konten darf Einsicht genommen werden, wenn eine verdächtige Person oder eine Spur der Straftat ermittelt oder ein Gegenstand beschlagnahmt werden soll und ein Anhalt dafür besteht, daß die Durchsuchung oder die Einsichtnahme diesen Zweck erfüllen wird.

[x] Durchsuchung und Beschlagnahme

§ 109

Zuständigkeit zur Anordnung

(1) Die Anordnung von Beschlagnahmen, Durchsuchungen, Kontoeinsichten sowie Überwachungen und Aufnahmen des Fernmeldeverkehrs steht dem Staatsanwalt, bei Gefahr im Verzuge auch den Untersuchungsorganen zu. Im gerichtlichen Verfahren wegen Beschlagnahmen vom Gericht ausgesprochen.

(2) Die Durchsuchung eines Verhafteten oder vorläufig Festgenommenen und der von diesem mitgeführten Gegenstände kann ohne Anordnung des Staatsanwalts vorgenommen werden und bedarf keiner richterlichen Bestätigung.

xi Verhaftung und vorläufige Festnahme

Voraussetzungen für die Anordnung der Untersuchungshaft § 122

(1) Der Beschuldigte oder der Angeklagte darf nur dann in Untersuchungshaft genommen werden, wenn dringende Verdachtsgründe gegen ihn vorliegen und
1. Fluchtverdacht oder Verdunklungsgefahr vorhanden ist;
2. ein Verbrechen den Gegenstand des Verfahrens bildet oder bei einem schweren fahrlässigen Vergehen der Ausspruch einer Freiheitsstrafe von über zwei Jahren zu erwarten ist;
3. das Verhalten des Beschuldigten oder des Angeklagten eine wiederholte und erhebliche Mißachtung der Strafgesetze darstellt und dadurch Wiederholungsgefahr begründet wird;
4. die Tat, die den Gegenstand des Verfahrens bildet, mit Haftstrafe oder als Militärstraftat mit Strafarrest bedroht und eine Strafe mit Freiheitsentzug zu erwarten ist.

(2) Fluchtverdacht liegt vor, wenn
1. Tatsachen festgestellt sind, aus denen zu schließen ist, daß der Beschuldigte oder der Angeklagte entfliehen oder sich verbergen wird, um sich der Strafverfolgung zu entziehen;
2. sich der Beschuldigte nicht ausweisen kann und die Feststellung seiner Personalien schwierig ist;
3. der Beschuldigte oder der Angeklagte keinen festen Wohnsitz hat oder sich unangemeldet in der Deutschen Demokratischen Republik aufhält;

4. der Beschuldigte oder Angeklagte nicht Bürger der Deutschen Demokratischen Republik ist, keinen festen Wohnsitz in der Deutschen Demokratischen Republik besitzt und eine Freiheitsstrafe zu erwarten hat.

(3) Verdunklungsgefahr liegt vor, wenn Tatsachen festgestellt sind, aus denen zu schließen ist, daß der Beschuldigte oder Angeklagte

1. Spurender Straftat vernichtet oder Beweismaterial beiseite schaffen werde;
2. Zeugen oder Mitschuldige zu einer falschen Aussage oder Zeugen dazu verleiten werde, sich der Zeugenpflicht zu entziehen.

(4) Die Tatsachen, aus denen sich die Voraussetzungen für die Anordnung der Untersuchungshaft ergeben, sind aktenkundig zu machen.

xii Verhaftung und vorläufige Festnahme

Voraussetzungen für die Anordnung der Untersuchungshaft

§ 123

Die Untersuchungshaft darf nur angeordnet oder aufrechterhalten werden, soweit dies zur Durchführung des Strafverfahrens unumgänglich ist. Bei der Entscheidung über die Notwendigkeit der Anordnung und der Fortdauer der Untersuchungshaft sind die Art und Schwere der erhobenen Beschuldigung, die Persönlichkeit des Beschuldigten oder des Angeklagten, sein Gesundheitszustand, sein Alter und seine Familienverhältnisse zu berücksichtigen.

xiii Einleitung des Ermittlungsverfahrens

§ 98

Einleitung des Ermittlungsverfahrens

(1) Ergibt die Prüfung der Anzeige oder Mitteilung, daß der Verdacht einer Straftat besteht, und liegen die gesetzlichen Voraussetzungen der Straftat vor, ordnet der Staatsanwalt oder das Untersuchungsorgan durch schriftliche, begründete Verfügung die

Einleitung eines gegen Bekannt oder Unbekannt gerichteten Ermittlungsverfahrens an.

(2) Die Untersuchungsorgane sind verpflichtet, die von ihnen eingeleiteten Ermittlungsverfahren unverzüglich dem Staatsanwalt zur Kenntnis zu bringen.

xiv Durchsuchung und Beschlagnahme

§ 121

Richterliche Bestätigung

Beschlagnahmen, Durchsuchungen, Überwachungen und Aufnahmen des Fernmeldeverkehrs sowie Arrestbefehle bedürfen der richterlichen Bestätigung. Die Bestätigung ist innerhalb von 48 Stunden einzuholen. Zuständig für diese Entscheidung ist das Kreisgericht oder das Prozeßgericht. Wird die Bestätigung rechtskräftig abgelehnt, sind die getroffenen Maßnahmen innerhalb weiterer 24 Stunden aufzuheben.

xv Grundsatzbestimmungen

§ 15

Stellung des Beschuldigten und des Angeklagten

(1) Der Beschuldigte und der Angeklagte haben das Recht auf aktive Mitwirkung am gesamten Strafverfahren; zu ihrer Verteidigung können sie die strafprozessualen Rechte selbst wahrnehmen und in jeder Lage des Verfahrens auch die Hilfe eines Verteidigers in Anspruch nehmen.

(2) Das Gericht, der Staatsanwalt und die Untersuchungsorgane sind verpflichtet, die Rechte des Beschuldigten und des Angeklagten, insbesondere das Recht auf Verteidigung, zu gewährleisten. Sie haben den Beschuldigten und den Angeklagten über seine Rechte zu belehren.

(3) Kein Bürger der Deutschen Demokratischen Republik darf wegen Begehung einer Straftat einem anderen Staate ausgeliefert werden.

(4) Beschuldigter im Sinne dieses Gesetzes ist der Bürger, gegen den ein Ermittlungsverfahren eingeleitet worden ist; Angeklagter ist der Beschuldigte, gegen den die Eröffnung des gerichtlichen Strafverfahrens beschlossen wurde.

xvi Verhaftung und vorläufige Festnahme

Voraussetzungen für die Anordnung der Untersuchungshaft

§ 127

Beschwerde

Der Verhaftete hat gegen den erlassenen Haftbefehl das Recht auf Beschwerde. Bei der Verkündung des Haftbefehls ist er über dieses Recht zu belehren. Die Belehrung ist im Protokoll zu vermerken. Verspätet eingelegte Beschwerden verpflichten zur Haftprüfung.

xvii § 102

Mitwirkung der Bürger

(1) Der Staatsanwalt und die Untersuchungsorgane haben zur allseitigen Aufklärung von Straftaten (§ 101) die differenzierte Mitwirkung der gesellschaftlichen Kräfte zu sichern.
(2) Sie haben, sobald der Stand der Ermittlungen es gestattet, den Leitungen der Betriebe oder Einrichtungen davon Mitteilung zu machen, wenn gegen einen Mitarbeiter der Verdacht einer Straftat besteht.
(3) Besteht gegen den Beschuldigten der hinreichende Verdacht einer Straftat und ist ein gerichtliches Hauptverfahren zu erwarten, sind auf Ersuchen des Staatsanwaltes oder der Untersuchungsorgane die Leitungen der Betriebe und Einrichtungen verpflichtet, für die Beratung eines Kollektivs aus dem Lebensbereich des Beschuldigten und für die Beauftragung eines Vertreters des Kollektivs zur Mitwirkung an der gerichtlichen Hauptverhandlung Sorge zu tragen. In dieser Beratung soll das Kollektiv auch auf die Möglichkeit der Übernahme einer Bürgschaft

und die gesetzlichen Voraussetzungen der Beauftragung eines gesellschaftlichen Anklägers oder gesellschaftlichen Verteidigers hingewiesen werden. Das Kollektiv kann auf die Beauftragung eines Vertreters des Kollektivs verzichten, wenn es seine Mitwirkung aus wichtigen Gründen nicht für erforderlich hält. Über die Beratung im Kollektiv, ihrer Ergebnisse, die Beauftragung eines Vertreters des Kollektivs, eines gesellschaftlichen Anklägers oder gesellschaftlichen Verteidigers und die Übernahme einer Bürgschaft oder die Gründe für den Verzicht auf die Beauftragung eines Vertreters des Kollektivs ist ein Protokoll anzufertigen und durch das Untersuchungsorgan oder den Staatsanwalt zu den Akten zu nehmen.

(4) Der Staatsanwalt und die Untersuchungsorgane sind verpflichtet, die Leitungen der Betriebe und Einrichtungen bei der Vorbereitung und Durchführung der Beratung zu unterstützen, sie insbesondere über den Zweck der Beratung und die differenzierten Möglichkeiten der Mitwirkung des Kollektivs am Strafverfahren zu unterrichten. Erforderlichenfalls haben sie na der Beratung teilzunehmen.

(5) Von dem Ersuchen gemäß Absatz 3 dürfen der Staatsanwalt und die Untersuchungsorgane nur aus wichtigen Gründen Abstand nehmen. Diese Gründe sind aktenkundig zu machen.

xviii § 53

Vertreter der Kollektive

(1) Vertreter der Kollektive wirken zur allseitigen Aufklärung der Straftaten, ihrer Ursachen und Bedingungen und der Persönlichkeit des Beschuldigten und des Angeklagten um Interesse der Feststellung der strafrechtlichen Verantwortlichkeit am Strafverfahren mit. Sie festigen durch ihre Tätigkeit die Verbindung zwischen den Bürgern und dem Gericht, dem Staatsanwalt und den Untersuchungsorganen, vermitteln wechselseitig die Erfahrungen und tragen zur Erziehung und Selbsterziehung des straffällig gewordenen Bürgers und zur Verhütung weiterer Straftaten bei.

Sie wirken an der Hauptverhandlung mit und haben dem Kollektiv über deren Ergebnisse zu berichten.

(2) Als Vertreter der Kollektive können aus dem Arbeits- und Lebensbereich des Beschuldigten oder des Angeklagten Vertreter von sozialistischen Brigaden, Arbeitsgemeinschaften, Hausgemeinschaften oder anderen Kollektiven am Strafverfahren mitwirken.

(3) Das Gericht, der Staatsanwalt und die Untersuchungsorgane haben die Vertreter der Kollektive bei der Lösung ihrer Aufgaben zu unterstützen und sie über ihre Rechte zu belehren.

xix Verhaftung und vorläufige Festnahme

Voraussetzungen für die Anordnung der Untersuchungshaft

§ 131

(1) Der Staatsanwalt und nach Einreichung der Anklageschrift auch das Gericht haben jederzeit zu prüfen, ob die Voraussetzungen der Untersuchungshaft noch vorliegen. Das Ergebnis ist zum Zwecke der Nachprüfung aktenkundig zu machen.

(2) Bei der Entscheidung über die Verlängerung der Bearbeitungsfrist im Ermittlungsverfahren hat der zuständige Staatsanwalt auch über die Notwendigkeit der Fortdauer der Untersuchungshaft zu entscheiden.

(3) Die Prüfungspflicht obliegt auch den Untersuchungsorganen. Sie haben den Staatsanwalt sofort zu unterrichten, wenn die Voraussetzungen für die Untersuchungshaft weggefallen sind.

xx Eröffnung des Hauptverfahrens erster Instanz und Vorbereitung der Hauptverhandlung

§ 203

Ladung des Angeklagten

(1) Der Angeklagte wird durch Zustellung geladen; dabei ist der nicht inhaftierte Angeklagte darauf hinzuweisen, daß im Falle seines unentschuldigten Ausbleibens seine Vorführung erfolgen wird.

(2) Die Anklageschrift und der Eröffnungsbeschluß müssen spätestens mit der Ladung zur Hauptverhandlung zugestellt werden. Die Abschrift eines Schadensersatzantrages kann auch nach der Ladung zur Hauptverhandlung wirksam zugestellt werden, wenn hierbei die Ladungsfrist gewährt wird.

(3) Dem Angeklagten sind die Anklageschrift und der Eröffnungsbericht lediglich zur Kenntnis zu bringen, wenn die Voraussetzungen für den Ausschluß gemäß § 211 Absatz 3 vorliegen.

xxi Allgemeine Bestimmungen über die Hauptverhandlung

§ 211

Öffentlichkeit und Ausschluß der Öffentlichkeit

(1) Die Hauptverhandlung wird öffentlich durchgeführt.

(2) Das Gericht kann für die Verhandlung oder für einen Teil der Verhandlung die Öffentlichkeit ausschließen, wenn die öffentliche Verhandlung die öffentliche Ordnung oder die Sicherheit gefährden würde oder Nachteile für die Erziehung eines jugendlichen Angeklagten zu befürchten sind.

(3) Das Gericht kann weiterhin die Öffentlichkeit ausschließen, wenn die öffentliche Verhandlung die Sicherheit des Staates gefährden würde oder wenn es die Notwendigkeit der Geheimhaltung bestimmter Tatsachen erfordert.

(4) Das Gericht kann die Anwesenheit einzelner Personen bei nichtöffentlichen Verhandlungen gestatten.

xxii § 51

Beweiserhebung

(1) Beweisgegenstände sind in der Hauptverhandlung vorzulegen; soweit diese Möglichkeit auf Grund der Beschaffenheit des Beweisgegenstandes nicht besteht, sind Fotografien, Zeichnungen, oder Skizzen anzufertigen und zu den Akten zu legen.

(2) Aufzeichnungen sollen im Original bei den Strafakten aufbewahrt werden. Sie sind in der Hauptverhandlung im erforderlichen Umfang zur Kenntnis zu bringen.

xxiii Auslagen des Verfahrens

§ 362

Grundsatz

(1) Jedes Urteil, jeder Strafbefehl, jede das Hauptverfahren endgültig einstellende oder abschließende Entscheidung und jeder Beschluß über die Verwirklichung von Maßnahmen der strafrechtlichen Verantwortlichkeit, der auf Grund einer mündlichen Verhandlung ergeht, müssen bestimmen, wer die Auslagen des Verfahrens zu tragen hat.

(2) Auslagen des Verfahrens sind Auslagen des Staatshaushalts und notwendige Auslagen eines am Verfahren Beteiligten.

(3) Auslagen des Staatshaushalts sind die Aufwendungen, die bei der Vorbereitung und Durchführung des gerichtlichen Verfahrens 1ür die Entschädigung von Zeugen, Vertretern der Kollektive, Sachverständigen und Pflichtverteidigern, für Post-, Fernsprech- und Telegrammgebühren sowie für ähnliche Zwecke oder für die Veröffentlichung der Entscheidung entstehen, sowie sie 3,-- Mark überschreiten.

(4) Notwendige Auslagen eines am Verfahren Beteiligten sind dessen Aufwendungen bei der Wahrnehmung seiner Rechte und

Pflichten im erfahren, insbesondere Verdienstausfall und Reisekosten sowie erstattungsfähige Kosten des gewählten Verteidigers des Angeklagten und des Rechtsanwaltes des Geschädigten.

xxiv Auslagen des Verfahrens

§ 364

Auslagenpflicht des Verurteilten

(1) Die Auslagen des Verfahrens hat der Angeklagte insoweit zu tragen, als das Verfahren zu seiner Verurteilung geführt hat oder nach den Bestimmungen des Strafgesetzbuches von Maßnahmen der strafrechtlichen Verantwortlichkeit abgesehen wurde. Das gleiche gilt, soweit gerichtliche Entscheidungen zur Verwirklichung von Maßnahmen der strafrechtlichen Verantwortlichkeit auf Grund einer mündlichen Verhandlung zuungunsten des Verurteilten getroffen wurden.

(2) Im Verfahren gegen Jugendliche kann davon abgesehen werden, dem Angeklagten die Auslagen des Staatshaushalts aufzuerlegen.

(3) Die Auslagen des Staatshauhalts können im Verfahren gegen Jugendliche auch den Eltern oder sonstigen Erziehungsberechtigten auferlegt werden. Gegen diese Entscheidung ist eine Beschwerde zulässig.

(4) Ist der Verurteilte nicht Bürger der Deutschen Demokratischen Republik und hat er keinen Wohnsitz oder gewöhnlichen Aufenthaltsort in der Deutschen Demokratischen Republik, können ihm auch die weiteren durch die Strafverfolgung einschließlich des Vollzuges der Untersuchungshaft und die Verwirklichung der erkannten Maßnahmen der strafrechtlichen Verantwortlichkeit entstandenen Auslagen auferlegt werden.

(5) Stirbt ein Verurteilter vor Eintritt der Rechtskraft des Urteils, haftet sein Nachlaß nicht für die Auslagen des Staatshaushalts.

xxv Straftaten gegen die staatliche und öffentliche Ordnung

§ 214

Beeinträchtigung staatlicher oder gesellschaftlicher Tätigkeit

(1) Wer die Tätigkeit staatlicher Organe durch Gewalt oder Drohungen beeinträchtigt oder in einer die öffentliche Ordnung gefährdenden Weise eine Mißachtung der Gesetze bekundet oder zur Mißachtung der Gesetze auffordert, wird mit Freiheitsstrafe bis zu zwei Jahren oder mit Verurteilung auf Bewährung, Haftstrafe, Geldstrafe oder mit öffentlichem Tadel bestraft.

(2) Ebenso wird bestraft, wer gegen Bürger wegen ihrer staatlichen oder gesellschaftlichen Tätigkeit mit Tätlichkeit vorgeht oder solche androht.

(3) Wer sich in einer Gruppe beteiligt, die Gewalttätigkeiten gegen Bürger wegen ihrer staatlichen oder gesellschaftlichen Tätigkeit verübt oder androht, wird mit Freiheitsstrafe bis zu fünf Jahren bestraft.

(4) Ist die Tatbeteiligung von untergeordneter Bedeutung, kann der Täter mit Verurteilung auf Bewährung, Haftstrafe oder Geldstrafe bestraft werden.

(5) Der Versuch ist strafbar.

22429717R00141

Printed in Poland
by Amazon Fulfillment
Poland Sp. z o.o., Wrocław